铁路土地综合开发价值评价研究

唐永忠　著

北京交通大学出版社

·北京·

内 容 简 介

本书首次系统地对铁路土地综合开发价值评价进行了全面的理论梳理和理论探索，初步构建了中国铁路土地综合开发价值评价的理论框架。本书以实际项目为例，综合运用市场法、成本法、收益法、剩余法、实物期权法进行案例分析，既探索了铁路土地综合开发价值评价的模式，也检验了这5种方法在铁路土地综合开发价值评价过程中的适用性和有效性。对于国家制定铁路土地综合开发政策和管理制度有着重要的借鉴意义。

本书适合铁路运输企业管理者、房地产开发企业管理者、资产评估师、铁路土地价值研究者阅读。

图书在版编目（CIP）数据

铁路土地综合开发价值评价研究 / 唐永忠著．— 北京 ：北京交通大学出版社，2023.6

ISBN 978-7-5121-4980-9

Ⅰ．①铁…　Ⅱ．①唐…　Ⅲ．①铁路-土地开发-综合开发-研究-中国　Ⅳ．①F532.6

中国国家版本馆 CIP 数据核字（2023）第 099542 号

铁路土地综合开发价值评价研究
TIELU TUDI ZONGHE KAIFA JIAZHI PINGJIA YANJIU

责任编辑：田秀青
出版发行：北京交通大学出版社　　电话：010-51686414　http：//www.bjtup.com.cn
地　　址：北京市海淀区高梁桥斜街44号 邮编：100044
印 刷 者：北京虎彩文化传播有限公司
经　　销：全国新华书店
开　　本：170 mm×235 mm　　印张：11.625　　字数：239 千字
版 印 次：2023年6月第1版　　2023年6月第1次印刷
定　　价：69.00元

本书如有质量问题，请向北京交通大学出版社质监组反映。
投诉电话：010-51686043，51686008；E-mail：press@bjtu.edu.cn。

前　言

铁路土地综合开发价值评价研究，其政策依据是国务院及中国国家铁路集团有限公司相关规定，理论依据则是交通与土地开发各项研究成果。在新型城镇化以及铁路行业和房地产行业发展的同时，中国国家铁路集团有限公司需要抓住机遇并迎接挑战，因此，进行土地综合开发价值评价既有必要性，也有可行性。必要性表现为：科学评价铁路土地价值，准确设定铁路土地合作开发分成比例，合理确定铁路土地资产盘活路径，有效选择铁路土地综合开发模式。可行性表现为：政策可行性，理论可行性，方法可行性，实践可行性。本书通过对所选案例进行铁路土地综合开发价值评价研究，发现在中国进行铁路土地综合开发价值评价的条件已经完全成熟。

铁路土地综合开发价值评价本质上是房地产价值评估，因此，4 种常规房地产价值评估方法，即市场法、成本法、收益法、剩余法都可以应用到铁路土地综合开发价值评价中。本书对这 4 种铁路土地综合开发价值评价方法进行了全面的分析。如果可比案例非常丰富，市场法最具有可行性。反之，成本法就成为难以替代方法。如果能够预测未来收益，则收益法能最大程度评价其价值。对于尚未开发的铁路土地，剩余法是首选方法。这 4 种方法难以应对越来越大的不确定性，从而导致估值偏低，因此，实物期权法是一种新的更为科学的方法。

本书还研究了铁路土地综合开发的备选模式。首先研究了影响铁路土地综合开发模式选择的相关因素。然后在此基础上对单独开发和合作开发都进行了深入的研究。最后，本书给出完整的结论，并对未来进一步研究进行了展望。

本书源于中国铁路广州局集团有限公司在中央实施铁路投融资体制改革并鼓励铁路进入土地综合开发市场的大背景下，为积极探索土地综合开发模式而委托北京交通大学经济管理学院课题组所进行的课题研究。

课题组在北京交通大学经济管理学院领导和教授的支持下，充分利用在本领域积累的研究资料和研究成果，并与中国铁路广州局集团有限公司积极沟通、密切协作，顺利完成课题研究，并基于研究成果完成了本书的撰写。

限于作者水平，本书内容还有许多不足之处，敬请各位读者批评指正。本书作者将在后续研究中不断修改完善，力争使研究成果能够帮助中国铁路广州局集团有限公司乃至中国国家铁路集团有限公司抓住机遇，为新型城镇化和房地产业持续发展，做出应有的贡献。

著　者

2022 年 10 月

目　　录

1

概　述

铁路土地综合开发（以下简称综合开发）成为中国铁运企业加速站线建设、弥补运营亏损的战略选择，因此对铁路土地综合开发进行研究具有重要的意义。

在铁路土地综合开发中，价值评价具有先导作用。如果能够在开发前大体估算出土地的开发价值，在选择项目综合开发模式与策略时就有了坚实的价值依据。因此，研究综合开发的价值评价在整个铁路土地综合开发研究体系中具有基础性和依据性作用。

1.1 研究依据

研究综合开发价值评价既有政策依据，也有理论依据，还有方法依据。

1.1.1 政策依据

1. 综合开发的政策依据

早在2012年12月29日，国务院就颁布了《国务院关于城市优先发展公共交通的指导意见》（国发〔2012〕64号）（简称64号文），这是新中国成立以来最重要的公共交通行业发展纲领性政策文件。64号文第四部分“实施加快发展政策”的第三项发展政策是“加强公共交通用地综合开发”：“城市控制性详细规划要与城市综合交通规划和公共交通规划相互衔接，优先保障公共交通设施用地。加强公共交通用地监管，改变土地用途的由政府收回后重新供应用于公共交通基础设施建设。对新建公共交通设施用地的地上、地下空间，按照市场化原则实施土地综合开发。对现有公共交通设施用地，支持原土地使用者在符合规划且不改变用途的前提下进行立体开发。公共交通用地综合开发的收益用于公共交通基础设施建设和弥补运营亏损。”

64 号文为交通基础设施土地综合开发提供了政策依据。

2013 年 8 月 9 日，国务院颁布了《国务院关于改革铁路投融资体制加快推进铁路建设的意见》（国发〔2013〕33 号）（简称 33 号文），这是国务院推进铁路投融资体制改革的纲领性政策文件。33 号文的第三点意见是“加大力度盘活铁路用地资源，鼓励土地综合开发利用”：“支持铁路车站及线路用地综合开发。中国铁路总公司作为国家授权投资机构，其原铁路生产经营性划拨土地，可采取授权经营方式配置，由中国铁路总公司依法盘活利用。参照《国务院关于城市优先发展公共交通的指导意见》（国发〔2012〕64 号），按照土地利用总体规划和城市规划统筹安排铁路车站及线路周边用地，适度提高开发建设强度。创新节地技术，鼓励对现有铁路建设用地的地上、地下空间进行综合开发。符合划拨用地目录的建设用地使用权可继续划拨；开发利用授权经营土地需要改变土地用途或向中国铁路总公司以外的单位、个人转让的，应当依法办理出让手续。地方政府要支持铁路企业进行车站及线路用地一体规划，按照市场化、集约化原则实施综合开发，以开发收益支持铁路发展。”

33 号文为中国铁路总公司进行土地综合开发与利用、参与新型城镇化建设提供了政策上的支持。

2014 年 7 月 29 日，为加快落实 33 号文，国务院办公厅发布了《国务院办公厅关于支持铁路建设实施土地综合开发的意见》（国办发〔2014〕37 号），就综合开发的基本原则、盘活现有铁路用地并推动土地综合开发、鼓励新建铁路站场并实施土地综合开发利用、完善土地综合开发配套政策、加强土地综合开发的监管和协调等五个方面的内容给出了更为详细的说明。

2. 综合开发价值评价的政策依据

2013 年 3 月 14 日，《第十二届全国人民代表大会第一次会议关于国务院机构改革和职能转变方案的决定》与《国务院关于组建中国铁路总公司有关问题的批复》（国函〔2013〕47 号）同日正式发布，中国铁路总公司正式成立。

2015 年 7 月 16 日，中国铁路总公司颁布《铁路用地管理办法》（铁总开发〔2015〕202 号）（简称《办法》）。

《办法》第三章“开发利用管理”的第十五条规定：“对土地开发利用项目，要坚持依法合规运作，实行项目负责制。加强市场研判、效益分析、风险评估，强化过程控制，提高项目开发质量，确保开发效益。”

《办法》对综合开发价值给出了明确的政策规定。

1.1.2 理论依据

1. 综合开发的理论依据

实施铁路经营（及其建设）与铁路沿线土地综合开发一体化，已经在理论上得到了充分的论证。

铁路经营（及其建设）与其沿线土地综合开发是一种互动关系。这种互动关系既表现在宏观层面，也表现在微观层面。

在宏观上，二者是“源流”关系：沿线土地是铁路经营（及其建设）的基础，是铁路经营（及其建设）的源，而铁路经营（在铁路建设基础上）则是这些土地之间的交通流。

“源”和“流”之间相互影响、相互作用。一方面，铁路沿线土地综合开发是产生铁路经营（及其建设）的源泉，决定铁路经营（及其建设）的发生与方式选择，在宏观上规定了铁路经营（及其建设）及其结构模式；而从另一方面看，铁路经营（及其建设）也对沿线区域的可达性产生了一定影响。

在微观层面，铁路经营（及其建设）与沿线土地综合开发形成了多种互动关系，其中，交通容量与土地利用率最有代表性。

铁路沿线土地综合开发，无论开发的目的是用于住宅、商业、还是工业，都会使该土地利用率显著提升，从而引发大量的出行生成，随着交通需求的增加，该地区将对交通设施（特别是铁路站线）提出更高要求。完善地区的交通设施的行为增大了交通容量，也提高了这一地块的交通可达性，地价也随之上升，开发商便会对这一地块进行更深层次的开发，从而土地综合利用和交通容量之间的相互关系又进入了另一个循环过程。这一过程从反馈的角度来说是正向的，但是该正向反馈过程亦不会无限进行。这主要是由于容量不会一直能够以改建的方式来增加，尤其是在交通设施已经改善到一定程度之后。而且对于某一铁路沿线土地的开发强度过大时，该路段交通流量也将过大从而引起拥堵，这也将引起已经开发完成的区域可达性降低，同时下降的还有土地利用的边际价值。因此，土地的开发利用率与交通容量有着促进与影响的相互关系，它们在循环反馈的过程中，最终会形成一种“共生互补”的平衡稳定状态。

导致铁路经营（及其建设）与其沿线土地综合开发产生互动相关的根源在于交通运输外部性。

交通运输外部性指交通运输企业在进行生产运输时在其他的经济主体的

附加值上发挥的作用，而且这种影响没有反映在货币和市场交易中。

交通运输业具有部分社会公益性的特点，所以其正向外部性非常明显。一般认为正向外部性主要体现在以下 4 个方面：一是扩大了市场范围，消费模式得以多样化，提高了人们的生活水平；二是加快了地区间的经济来往，生产和生活地点实现分散，加快了土地的专业化使用，劳动力市场得以拓展；三是运输规模急剧扩大，个性化且具有弹性的运输方式为产业分工、交易和即时服务提供了新途径；四是运输在灵活性和技术性方面快速提高，加速了区域间的商品、货物流通，为国内外的市场竞争提供了可能性。

交通运输业的外部性促进了沿线区域经济发展，而沿线区域经济发展对沿线土地利用具有决定性作用。

根据外部性理论，铁路经营（及其建设）极大提升了铁路沿线土地的利用价值，但依照现在的体制，这部分源于铁路经营（及其建设）而提升的土地价值并没有给铁路合理的回报。

按照市场经济理论，外部性是对市场机制的破坏，为了使市场机制合理发挥作用，就应该实施外部性的内在化。这就需要将铁路经营（及其建设）与其沿线土地综合开发一体化。

2. 综合开发价值评价的理论依据

关于价值评价，理论界也进行了比较充分的研究，为价值评价奠定了理论基础。

1）经济价值的含义

相关理论认为，经济价值的基础是经济效益，而经济效益就是有效成果（可以简称为所得）与资源消耗（可以简称为所费）的比较。可以用式（1-1）、式（1-2）、式（1-3）和式（1-4）来表示。

$$经济效益=F（所得，所费） \tag{1-1}$$

$$纯经济效益=所得-所费 \tag{1-2}$$

$$经济效率=所得/所费 \tag{1-3}$$

$$纯经济效率=（所得-所费）/所费 \tag{1-4}$$

2）经济效益可行性评价标准

根据上述理论，经济效益可行性判断标准可以采用式（1-5）、式（1-6）、式（1-7）。

$$纯经济效益>0 \tag{1-5}$$

$$经济效率>1 \tag{1-6}$$

$$纯经济效率>0 \tag{1-7}$$

3）经济效益最大化评价标准

根据不同的评价依据，可以有两种经济效益最大化评价标准。

（1）纯经济效益最大化评价标准

设有多个投资方案，其纯经济效益分别为 PE_1，PE_2，…，PE_n，若其中 PE_i 最大，则第 i 个投资方案因其纯经济效益最大而成为最佳投资方案。这种评价标准只看重纯经济效益，对投资者最有利，适合于资金比较充裕的投资项目。

（2）纯经济效率最大化评价标准

设有多个投资方案，其纯经济效率分别为 Pe_1，Pe_2，…，Pe_n，若其中 Pe_j 最大，则第 j 个投资方案因其纯经济效率最大而成为最佳投资方案。这种评价标准只看重纯经济效率，对经营者最有利，适合于资金比较紧张的投资项目。

4）经济效益评价体系

经济效益评价体系如图 1.1 所示。

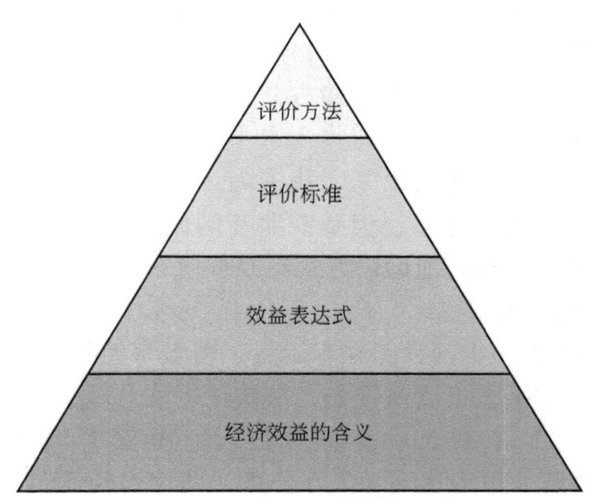

图 1.1　经济效益评价体系

1.1.3　方法依据

关于土地开发价值的评价方法，学术界和实业界一直在进行着积极的探索，出现了众多的评价方法。在这些方法中，有些方法已经得到多个项目的多年运用，这些方法可以称为常规方法。目前公认的土地开发价值评价方法有 4 种，分别是：市场法、成本法、收益法和剩余法。这 4 种方法都各有多种名称。关于这 4 种方法及其多种名称，将在下文详细说明。

此外，还有一些新兴的方法，其中，实务期权法被认为是目前针对未来高风险项目进行价值评价的最新也可能最有效的一种方法。

1.2 研究背景

开展综合开发价值评价研究，有着深刻而特定的发展背景。

1.2.1 中国铁路发展的机遇与挑战

铁路是一个国家重要的基础设施和联系各个行业的经济命脉，深刻影响着国家的政治、经济、国土安全等诸多方面。作为大陆性国家的典型代表，我国经济的联系与交流要依靠强大且有效的运输方式来把国家和国民经济有机组合为一个整体，并且要通过指引和帮助来发展其他各种运输方式。众所周知，铁路运输最典型的特点为载量大、成本低、能耗少，因此其绝对优势便体现在大宗且距离长的客货运输中，除此之外短途旅客运输是城际运输中具有大流量、高密度特点的一类运输方式，铁路运输在其中的竞争也有着较强的优势，它也是对于我国人民的收入水平以及地理特征很适用的一种运输方式。尽管从 20 世纪 90 年代以来，我国陆运和空运取得了极大发展，对铁路运输形成了一定程度的竞争，但是铁路在国民经济中的支柱作用、在综合运输网络中的主导作用是其他运输方式难以替代的。

1. 中国铁路发展的机遇

经过 70 多年发展，中国铁路在客运量、覆盖率上都已达到了发达国家的水平，在铁路技术水平上也遥遥领先，在铁路运营上形成了一套理论体系。

截至 2022 年 12 月 31 日，全国铁路营业里程 15.5 万 km，同比增长 3.33%，其中高铁营业里程达到 4.2 万公里，同比增长 5%。全国铁路路网密度 161.1 公里/万 km^2。

中国高速铁路也走出了国境，成为世界高速铁路建设和运营的重要推动者。2014 年 7 月 25 日，中国参建土耳其首条高铁全线通车。这是中国高铁境外建成的第一条高铁。

2016 年 7 月 13 日，国家发展和改革委员会、交通运输部和中国铁路总公司联合发布了《中长期铁路网规划》（下称《规划》）。《规划》是中国铁路基础设施的中长期空间布局规划，是推进铁路建设的基本依据，是指导中国铁路发展的纲领性文件；规划期为 2016—2025 年，远期展望到 2030 年。

根据《规划》，到2025年，中国铁路网规模达到17.5万公里左右，其中高速铁路3.8万公里左右，网络覆盖进一步扩大，路网结构进一步完善，铁路的骨干作用更充分地发挥，从而在经济社会发展方面发挥更大的保障作用。预期在2030年可以基本完成区际多路畅通、内外互联互通、县域基本覆盖、省会高铁连通、城市快速通达。

在《规划》中，特地绘制了中长期铁路网规划图和中长期高速铁路网规划图。

全球经济一体化、国际铁路产业复兴、中国良好的对外关系和铁路产业的发展成果，已为中国铁路积极开拓国际市场创造出新的历史机遇。从发展形势看，中国铁路正处在发展的上升期。

2. 中国铁路发展的挑战

投融资体制机制已成为中国铁路发展亟待解决的最大挑战。

2019年6月18日，为贯彻党中央关于加快推动中国铁路总公司股份制改造的决策部署，经国务院批准同意，中国铁路总公司改制成立中国国家铁路集团有限公司（下称国铁集团），并在北京挂牌。

2020年4月30日，国铁集团披露了其2019年财务数据：2019年，国铁集团实现收入11 348亿元，同比增加393亿元，增长3.6%；净利润25.2亿元，同比增加4.8亿元。2019年末资产总额83 150亿元，增加3 126亿元，增长3.9%，负债总额54 859亿元，资产负债率65.98%。

这表明国铁集团自身经营的现金流已不能弥补巨额的债务，两者在规模上不可匹配。国铁集团用借款的方法来进行还款。随着货币政策收紧，加上金融监管对于发债额度以及单一客户贷款的比例要打破的规定，从而导致铁路部门不能再继续通过举债来维持，而且本来已经紧绷的现金流瞬间断开，这使投资建设已经不可以再进行下去了。

现今中国铁路行业陷入了债务方面的危机泥潭。铁路行业本身已经是现金流紧绷的状态，国铁集团不仅已经没有了进行建设的内源性投融资实力，并且某种程度上已经在很长一段时间内没有了财务的自生能力。若不能正确地处理这些问题，关于铁路的恶性债务也一定会越来越严重甚至无法恢复，届时不仅铁路行业丧失恢复的可能性，同时也将进一步影响银行和整个金融系统，甚至还会波及国家的财政安全。

3. 中国铁路发展机遇与挑战对综合开发价值评价研究的意义

中国铁路发展的挑战与机遇，昭示中国铁路必须进行一系列变革，以面对挑战，抓住机遇。国务院的相关政策，给铁路实施在运营和建设业务方面以及对铁路土地综合开发利用的整合方面进行了方向上的指引。国铁集团也一定不能放过政策性的机遇，把土地开发工作做强做大做成功。

而要做好土地综合开发，对其综合开发的潜在价值进行科学评价是最重要的前提工作之一。

1.2.2 中国新型城镇化的机遇与挑战

中国已进入全面建成小康社会的决定性阶段，正处于经济转型升级，加快推进社会主义现代化的重要时期，也处于深入发展城镇化的关键期。深刻认识城镇化对经济社会发展具有重大意义，把握城镇化所蕴含的历史机遇，准确研判城镇化发展的新趋势新特点，积极面对妥善处理城镇化所带来的风险挑战。

1. 中国新型城镇化的机遇

中国城镇化是基于我国人口众多、部分资源短缺、生态环境脆弱、城乡区域发展不均衡的具体国情推进的，这决定了我国必须从社会主义初级阶段这个最大实际出发，依循城镇化发展内在规律，走出一条中国特色新型城镇化道路。

新型城镇化对于中国未来社会经济发展具有十分重大的战略意义。按照建设中国特色社会主义五位一体总体布局，顺应发展内在规律，因势利导，趋利避害，积极稳妥、扎实有序推进城镇化，对全面建成小康社会、推进社会主义现代化建设的历史进程、实现中华民族伟大复兴的中国梦，具有重大现实意义和深远历史意义。

中国新型城镇化要坚持以下 7 项基本原则：①以人为本，公平共享；②四化（工业化、城镇化、现代化、信息化）同步，统筹城乡；③优化布局，集约高效；④生态文明，绿色低碳；生态文明理念必须全面融入城镇化进程，大力推动绿色、循环、低碳发展，集约利用土地、水、能源等资源，强化环保和生态修复，推动形成生态文明、绿色低碳的新方式和新模式；⑤文化传承，彰显特色；⑥市场主导，政府引导；⑦统筹规划，分类指导。

中国新型城镇化取得了巨大的成就，根据国家统计局发布的中国 2022 年国民经济和社会发展统计公报，截至 2022 年，全国总人口为 141 175 万人，其中城镇常住人口为 92 071 万人，占总人口比重（常住人口城镇化率）为 65.23%。

2. 中国新型城镇化的挑战

中国新型城镇化可能会面临一些前所未有的严峻挑战：①中国即将步入后工业化阶段，部分产业逐步转移到国外，城市化的动力也经历了演化。中国的廉价劳动力在经历多年的发展之后，成本也越来越高，那种价格低的优势正在逐渐丧失，这也导致有的加工制造业已经向着内陆或者其他国家等综合成本较低的地方转移，中国的城镇化劳动力薪酬低的优势已经在不断减弱，城镇化的动力也向着一些信息化的高端行业转化。②中国总就业人口出现“拐点”，城镇化非劳动力人口负担沉重。中国总人口增长速度持续明显下降，在这种情况下，中国人口红利从2005年开始快速放缓，近年来几乎保持零增长。即使今后五年中国城镇人口仍按年均2 000万人口增长，根据近年新增城镇就业人口统计，估计约1 200万人为劳动力人口，包括700万大中专毕业生和500万新增农民工。其余城镇所增加的800万人口均为被抚养人口。可见新型城镇化面临的人口负担比率远高于中国总人口的抚养比率。③资产价格高涨与居民平均收入脱节，大学生、农民工城镇化发展减缓。中国的平均房价收入比为20~30，现在的房价水平已经远远超过新增的就业人口以及城镇人口的支付能力。由于通货膨胀以及国际大环境的双重影响，我国公民的生活所需成本也逐步攀升，这也加大了我国就业增长的双重压力。如此一来不仅减缓了农民工和大学毕业生市民化的转化进程，而且也催生了减弱城镇化阻力的要求。④城镇化面临许多非户籍人口市民化任务，财政资金压力更加明显。每年会有3万亿元的财政资金收入用于住房保障，更不用说其他的基础设施建设，像养老医疗、交通道路、文化娱乐等的需求了。⑤新型城镇化要求加快城市转型，亟须解决城镇化的人口素质存在脱节的问题。未来城市一般服务业也许会被AI技术所取代。这种人员需求缩减和中国新增城镇就业人口结构脱节严重，中国新增城镇人口特别是农民工多处在行业低端，加之众多大中专毕业生难以达到高素质人才需具备的要求，新型城镇化人口素质和供给结构的“素质裂痕”之严重是显而易见的。

3. 中国新型城镇化机遇与挑战对综合开发价值评价研究的意义

新型城镇化是铁路实施土地综合开发的大背景，铁路实施土地综合开发必须适应新型城镇化的要求，这就要求综合开发价值必须要充分考虑新型城镇化的影响。反过来，由基于铁路为骨干的综合交通运输体系引导城市土地综合开发，也是中国新型城镇化的重要实施方式，新型城镇化的价值应是综合开发价值的关键因素。因此，综合开发价值评价研究与新型城镇化联系密切。

1.2.3 中国房地产发展的机遇与挑战

1. 中国房地产发展的机遇

2002年，我国全面确立了经营性土地使用权招标拍卖挂牌出让制度，房地产进入“金融红利”阶段。从这一时期开始，中国房地产行业进入快速发展阶段，这个阶段被称为房地产“黄金十年”。2003 年，国务院颁发文件，将房地产业确立为国民经济支柱产业。在这一文件影响下，房地产企业如同雨后春笋般在全国各地喷薄而出，由开始的 1 万家发展到 2006 年的 5. 8 万家；2012—2021 年，房地产相关企业注册数量从 7. 9 万户增至 46. 4 万户。

2. 中国房地产发展的挑战

中国房地产发展也面临着前所未有的严峻挑战。

2015 年是中国房地产发展的重要转折之年。根据国家统计局的相关数据，2013—2015 年房地产投资增速急速下降，见表 1-1 和图 1. 2。

表 1-1 2013—2015 年中国房地产投资及其增速

年份	房地产投资额/万亿元	比上年增长/%
2013	8. 6	19. 8
2014	9. 5	10. 5
2015	9. 6	1

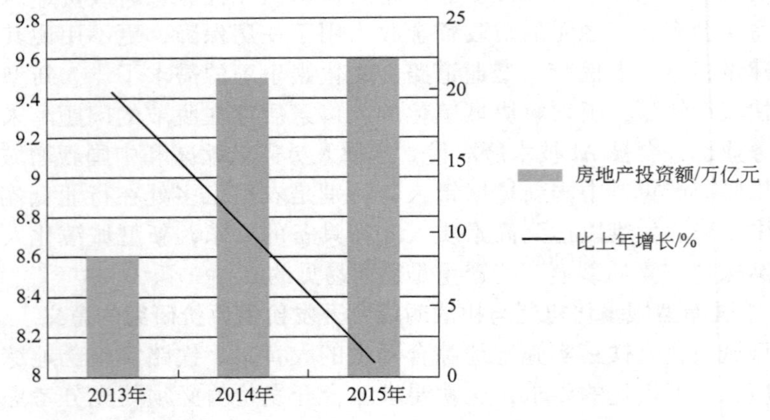

图 1. 2 2013—2015 年中国房地产投资及其增速比较

从表 1-1 和图 1. 2 可以看出，进入 2015 年，房地产发展的确面临了很大的困难。2016 年，房地产投资额增速有所恢复，达到 6. 9%。但直到 2019 年，年增速度都再没有超过 10%。这表明，2015 年之后，中国房地产的确进入了正常增长的新常态发展阶段。

中国房价已经达到城市居民难以承受的高度。以 2021 年为例，一线城市的房价收入比（住房价格与城市居民家庭年收入之比）都为 27. 7，二线城市房价收入比为 13. 5。这远远超过了国际上关于正常房价收入比为 4~6 倍的合理界限。

有统计数据表明，我国商品房空置率长期处于20%~30%。而按照国际通行惯例，商品房空置率在5%~10%为合理区，空置率在10%~20%为空置危险区，空置率在20%以上则意味着商品房严重积压。

当房价超越城市居民承受能力，当房地产市场库存超过警戒线，就意味着房地产泡沫即将破裂。日本、美国房地产泡沫所造成的严重影响警示着中国，如果不能很好化解房地产泡沫，一旦任其破裂，中国经济将会遭受巨大打击。

3. 中国房地产发展机遇与挑战对综合开发价值评价研究的意义

国务院推行综合开发，不仅是解决铁路建设与运营资金短缺、偿还铁路债务的考虑，实际上也是解决房地产潜在危机的重要途径。在交通运输产业承担着外部性成本，而房地产业只享受交通运输产业传递过来的外部性收益的背景下，市场机制就失去了正常的调节能力。被外部性成本压制的交通运输产业必然亏损越来越严重，而房地产业必然发展越来越暴利。

将交通运输产业与房地产业合理结合，就能够大幅度减少房地产业不合理的暴利，使之回归为非暴利行业（当然房地产业正常来说也要比交通运输产业利润率高一些，但目前这种差距极其不合理），这无论是对交通运输产业，还是房地产业，都是合理的，使它们可以走上可持续发展的道路。

研究综合开发价值，就要厘清哪些土地价值实际源于交通运输产业，特别是铁路运输产业，这对于合理划定铁路土地开发投资与收益具有非常重要的作用。

1.3 研究要求

1.3.1 研究原则

从本质上看，铁路土地综合开发价值评价，属于房地产评估的范畴，因此，铁路土地综合开发价值评价的研究原则，既应符合房地产评估的一般原则，也应遵循铁路土地综合开发价值评价的特殊原则。

1. 房地产评估的一般原则

房地产评估的一般原则分为两个层面。

1）房地产评估的行为原则

（1）独立评估原则

独立是指房地产评估专业人士独立做出评估，他在评估时并不受委托人对评估结果期望值的影响。有些情况下，委托人希望将房地产价格评估得低一些，如纳税时；而在另一些情况下，委托人则希望将房地产价格评估得高一些，如贷款时。一个真正坚持独立原则的房地产评估专业人士，只根据其专业知识与专业技能进行评估，不为了讨好委托人的期望而改变评估结果。

（2）客观评估原则

客观则是指房地产评估专业人士在进行房地产评估时，不得掺杂个人主观意见或个人私利。

（3）公正评估原则

公正是指公正地运用评估方法，让拟评估的房地产得到其应得到的评估结果。

（4）公平评估原则

虽然公平与公正很接近，但二者还是有深刻地区别。公正是指拟评估的房地产应得到其公正评估，而这并不需要与其他拟评估的房地产进行比较，也不需要与同一个房地产的其他委托人比较。而公平则是指一视同仁，这既指对不同的房地产应一视同仁，也指对不同的委托人应一视同仁。

能够坚持上述四条行为原则的房地产评估专业人士，才是行为合格的房地产评估专业人士，这种人士既不看委托人的眼色，也不掺杂个人成见与私利，无论是对不同的房地产，还是对不同的委托人，都一视同仁，将其价格公平公正地评估出来。

2）房地产评估的技术原则

（1）合法原则

合法是任何行业经营的基本原则。对于房地产评估来说，合法原则有着具体的含义，体现在如下四个方面。

① 产权合法：拥有完整房地产权属证书，拥有完全房地产产权。

② 使用合法：符合所在地城乡规划、土地利用规划。

③ 处分合法：处分方式符合交易法律、法规规定，严格履行合同条款。

④ 评估合法：评估价格必须符合国家价格政策。

（2）最佳原则

最佳是指拟评估的房地产的最佳开发模式，即在达到法律上合法、技术上可行、经济上盈利这三个基本要求后，可以获得最佳开发价值的模式。

对于房地产开发项目而言，最佳开发模式细化为如下三点。

① 最佳用途。例如，一宗拟评估的房地产，经测算，用于商业开发，价格为 100 亿元，而用于住宅开发，价格仅为 70 亿元，则商业开发是其最佳开

发模式。

② 最佳开发规模。在确定用途之后，就需要确定最佳开发规模。所谓最佳开发模式，就是能够使拟评估房地产获得最大经济价值的开发规模。

③ 最佳集约度。集约度就是拟评估的房地产地块上，以实物形态衡量的各项指标，最佳集约度主要是人均指标和配套指标的最佳匹配情况。

（3）替代原则

替代是指某一拟开发的房地产，如果其价格背离正常情况，它将被其他竞争性项目所替代。根据替代原则，拟评估的房地产的价格不得明显偏离类似房地产在同样开发条件下的正常价格。

（4）时点原则

由于房地产价格总是处于不断的变化中，因此，对房地产进行评估，必须要设定评估的时点。根据时点原则，拟评估的房地产的价格就是其在确定的估价时点的正常价格。

2. 铁路土地综合开发价值评价的特殊原则

1）*不妨碍铁路正常运营的原则*

铁路土地的综合开发，首要原则是不能影响到铁路的正常运营，否则就不是铁路土地开发，而是一般意义的房地产开发。

2）*功能协调原则*

在不妨碍铁路正常运营的前提下，还要使非铁路运营部分的开发与铁路运营在功能上协调起来。如果不能与铁路运营在功能上协调起来，虽然不妨碍铁路的正常运营，但必然影响到非铁路运营部分的开发价值，毕竟铁路运营对周边环境的影响巨大，在铁路周边不适合进行一般的房地产开发。

1.3.2 研究目标

1. 提供多种综合开发价值评价的方法

本书将在分析包括常规方法和新兴方法的现有各种房地产评估方法的基础上，结合综合开发项目价值评价特殊性的分析，为国铁集团及其下属各铁路局集团公司提供可以操作的多个综合开发价值的评价方法。

2. 为每种综合开发价值评价方法提供理论研究和实际应用框架

本书将对多种综合开发价值评价提供理论研究和实际应用的框架。在理论研究中，将详细阐述每种综合开发价值评价方法理论上的优劣，分析这种方法的适用条件和应用前景，并对这种模式所涉及的相关条件进行全面解读。在实际应用中，将对每种综合开发价值评价方法的应用流程进行详细的分析。

3. 为综合开发价值评价方法的选择提供相关分析依据

本书将提供选择某种土地综合开发价值评价方法可能涉及的理论基础、基本原理、运算前提、计算公式、适用条件等事项的基本模板，依据这种模板就可以对某种土地综合开发价值评价方法所涉及的相关事项进行分析。

1.3.3 研究范围

1. 铁路土地综合开发项目用地的空间范围

本书所言的开发用地的空间范围，是指所能开发的建设用地的地理位置分布。按照现有的铁路土地管理体制，所有国铁集团管理的国有土地中可以用于综合开发的部分，即扣除必须直接用于铁路运输业务（含必要配套）的土地之外的其他土地。

2. 综合开发价值评价开发项目的开发模式范围

本书所言的综合开发价值评价开发项目的开发模式范围，是指所能综合开发的铁路土地开发项目将以何种模式进行开发。在现有条件下，综合开发的模式有两种，即单独综合开发和合作（含合资）综合开发。

必要性与可行性分析

本书认为开展铁路土地综合开发价值评价的研究既有必要性，也有可行性。

2.1 必要性分析

2.1.1 科学评价铁路土地价值

研究铁路综合开发价值的首要目的就是科学地评价拟进行综合开发的铁路土地的土地价值。

1. 土地价值的含义

简而言之，土地价值就是未来若干年限（如果法律允许，可以是无限期）土地收益的折现，它是一个可以测算的理论值。

根据现代地租理论，现代意义的土地特别是现代大都市的土地，其价值与土地自身的资源价值（主要是作为农业用地的农业价值）无关，而只与其未来的潜在收益有关。土地价值从本质上来说是人们对客体的一种内在的效用评价，有着很强烈的主观性。

2. 土地价值与土地价格

土地价格就是土地在土地市场的交易价格。土地价值是土地价格的价值基础，而土地价格是土地价值的市场表现。二者高度相关，但又不能完全等同对待。

由于土地价值具有极强的主观评价性，因此，其是否合理以及是否得到买家的承认，应该在市场交易时可以得到体现。土地价格一般跟交换的价值有着紧密的联系，是以数量的形式来体现土地的价值，且随着土地价值的波动而不断波动。

3. 土地价值的特点

1）可测算性

土地价值从理论上讲，是可以测算出来的。目前各种房地产评估方法都可以作为土地价值测算的方法。

2）未来不确定性

这是指作为土地价值基础的未来的土地收益，即地租是不断变化的。土地的市场交易双方，由于都不可能对未来地租走势具有完全的信息，双方的预测都只能依据现在和未来的判断，而判断常常由于双方具有不同的价值判断标准而截然不同。

3）主观预期性

随着土地越来越成为大都市的资产，其评价就越来越受当事人心理因素的影响，这就导致土地价值具有极强的主观预期性。

当土地市场的某一方，特别是需求方形成了大体一致的土地价格上涨的主观预期时，土地价格就必然会在一定时间内呈现上涨态势，而这段时间，很可能国民经济和社会发展基本面并没有任何实质性进步。这种大体一致的主观预期，通常被形象地说成是“人气”。

4）区位影响性

在大都市，往往是越靠近市中心的土地价值越高。

4. 科学评价土地价值对综合开发的影响

由于土地价值上述的特点，科学评价土地价值对于铁路土地的综合开发就具有关键性的意义。

1）铁路企业可以测算其土地价值

如果土地价值不具有可测算性，研究土地综合开发价值就成了无源之水。正是由于土地价值具有可测算性，才可以科学评价土地价值。

2）铁路企业需要增加对土地价值未来变化的预测

通常的土地价值评价方法是依据现在推测未来，但未来常常不断变化。虽然不可能准确预测未来，但加强对未来的预测可以大幅度提高对未来土地价值的把握程度。

3）铁路企业需要增加对土地市场交易其他经济主体的了解

铁路土地的综合开发必然允许其他经济主体参与到土地价值的利用中，如果不了解土地市场交易其他经济主体的主观预期，在与其进行土地相关交易时，就难免因双方预期差距过大而无法顺利达成对双方有利的市场交易。

4）铁路企业要充分考虑不同区位土地的开发特殊性

铁路企业土地资产分布地域差距巨大，有些土地就处于市中心，而有些土地则远离市区，不同区位的土地价值差距巨大，铁路企业需要充分考虑这些土地开发的特殊性。

2.1.2 准确设定铁路土地合作开发分成比例

研究铁路土地综合开发价值的另一个重要目的，就是准确设定铁路土地合作开发的分成比例，这对于决定采取合作方式进行土地综合开发的铁路企业具有特殊意义。

1. 与房地产公司合作开发的含义

房地产合作开发，是指拥有国有土地使用权、相关资质、开发资金等不同房地产开发关键要素的经济利益主体共同出资、共享利润、风险共担的联合土地综合开发经营活动。

2. 房地产合作开发的特征

第一，合作方式多样。可以是一方拿地，另一方拿钱，也可以双方共同出资出地。

第二，收益分享方式多样。可以是开发之后分利润，也可以是开发之后分配所开发的房地产产品，还可以是一方保有房地产产品，而另一方获得利润或其他资金补偿。

第三，共担风险是最重要的必备条件。如果不能共担风险，就不能被视为房地产合作开发。

第四，对合作当事人有资质要求。房地产合作开发中，至少有一方必须要有房地产开发资质。

3. 不属于房地产合作开发的类型

2004 年 11 月 23 日最高人民法院审判委员会第 1334 次会议通过的《最高人民法院关于审理涉及国有土地使用权合同纠纷案件适用法律问题的解释》（下称《解释》）对以房地产合作开发名义进行，但实际上并不属于房地产合作开发的 4 种情形进行了界定。

1）属于土地使用权转让的情形

《解释》第二十四条规定：合作开发房地产合同约定提供土地使用权的当事人不承担经营风险，只收取固定利益的，应当认定为土地使用权转让合同。

2）属于房屋买卖的情形

《解释》第二十五条规定：合作开发房地产合同约定提供资金的当事人不

承担经营风险，只分配固定数量房屋的，应当认定为房屋买卖合同。

3）属于借款的情形

《解释》第二十六条规定：合作开发房地产合同约定提供资金的当事人不承担经营风险，只收取固定数额货币的，应当认定为借款合同。

4）属于房屋租赁的情形

《解释》第二十七条规定：合作开发房地产合同约定提供资金的当事人不承担经营风险，只以租赁或者其他形式使用房屋的，应当认定为房屋租赁合同。

4. 准确设定铁路土地合作开发分成比例对综合开发的影响

对于铁路企业，只有合作综合开发获得的土地开发价值大于单独开发获得的土地开发价值时，选择合作综合开发才具有财务的可行性。如果土地价值过小，难以吸引房地产开发企业进行合作，铁路企业也只能进行单独开发。如果土地价值巨大，愿意进行合作的房地产开发企业较多，且这些房地产开发企业实力均很雄厚，铁路企业还可以与多家房地产开发企业进行合作综合开发，并在铁路土地合作综合开发联合体中占据主导地位。对于铁路企业，单独进行土地综合开发，还是选择合适的合作伙伴进行铁路土地合作综合开发，需要以土地价值为基础。通常情况下，铁路企业资金相对匮乏，而拥有土地资产，这样，铁路企业在与那些既拥有相对雄厚资金又拥有房地产开发资质的房地产开发企业合作进行铁路土地合作综合开发时，铁路企业更可能选择以土地价值作为合作资金的模式，这时，铁路土地价值就是合作双方资金比例的重要依据，因而也是合作项目利润分成或者其他分利方式的基本依据。

2.1.3 合理确立铁路土地资产盘活路径

研究铁路土地综合开发价值的第三个重要目的，就是合理确立铁路土地资产盘活路径，这在国铁集团负债率居高不下的大背景下尤为重要。

1. 盘活铁路土地资产的基本工作

国铁集团要做好铁路土地资产的盘活，需要做好如下基本工作。

1）做好调研

国铁集团下属各铁路局集团公司应对本单位土地资产进行扎实调研，在此基础上，提出盘活思路与方案。

2）建设信息库

各铁路局集团公司需要建设铁路土地资产信息库，完善土地资产开发经营绩效考评体系。各铁路局集团公司应全面核查土地资产，做到“账、卡、物”相符；要有统一的土地资产分类编码，保证每一块土地编码的唯一性；抓紧实现土地资产管理的信息化、网络化。

3）强化土地资产管理意识

对于铁路企业，土地资产管理与其他固定资产管理有本质区别，各铁路局集团公司必须要有土地资产管理意识。

4）做好土地资产的价值评估

各铁路局集团公司在土地资产评估时应注意三点，即产权归属的厘清、评估标准的合理、评估档案库的建设。

5）积极参与在建项目

各铁路局集团公司应积极参与在建项目的土地资产开发，提前介入车站周边城镇综合体建设。

6）核实土地资产

各铁路局集团公司应核实土地资产，清理违规占地，评估土地资产。对下属各站段进行所属用地分类统计，厘清权属，对未登记的土地，要查明原因立即补办；各铁路局集团公司要汇总局内用地，复查重点土地，出台闲置土地开发办法；国铁集团统计全路土地资源，做好中长期用地规划，研究闲置土地开发方案。

7）盘活合资铁路土地资产

合资公司要对所辖土地做好地籍管理、土地保护，摸底可开发经营的房产、土地资源，授权或委托路局集团公司开发经营，合资公司分享收益。

2. 铁路土地资产盘活路径

1）铁路土地资产出售

铁路土地资产出售，就是指国铁集团或其下属各铁路局集团公司对自己有权处置的土地资产在土地市场上以明码标价的方式进行出售。

铁路土地资产出售，需要两个前提条件：第一，国铁集团或其下属各铁路局集团公司有土地资产的完全产权，即非划拨的国有土地使用权，第二，可以出售的土地资产与铁路运输主业所需的土地关联度很小，出售该土地资产不影响正常的铁路运输业务。

目前，国铁集团及其下属各铁路局集团公司所拥有的土地资产均为划拨而来，要想获得完全的土地产权，还需要进行国有土地用途属性变更，从原先的公益性用地变更为商业性用地，这需要当地市县土地管理部门的批准与允许，即需要国铁集团及其下属各铁路局集团公司与当地政府进行必要的博弈。

2）铁路土地的合作综合开发

铁路土地的合作综合开发就是国铁集团或其下属各铁路局集团公司以其所拥有的土地通过与其他方（包括当地政府下属国有房地产开发企业、非国有房地产开发企业）合作进行综合开发。

合作进行综合开发需要厘清产权。

目前，中国铁路土地资产的管理存在多头管理、产权不清晰等诸多问题，有些属于国铁集团层面，有些属于各铁路局集团公司层面，有些属于站点段层面，有些属于站点段下的多种经营公司或多种经营企业层面。如果涉及合资铁路企业，问题更加复杂，一些土地资产还涉及各级地方政府及一些外部投资人。

此外，合作进行综合开发还涉及周边土地的联合开发问题，要求必须与周边的土地同时规划共同利用，这就涉及统一的规划、征地等相关问题。上述问题需要在制度和法规上有所突破和调整。

3. 综合开发价值评价对铁路土地资产盘活路径选择的意义

综合开发价值评价，包括铁路土地资产评估，将为国铁集团及其下属各铁路局集团公司盘活铁路土地资产奠定评估的价值基础。有了相对准确的综合开发价值评价，特别是有了铁路土地资产评估价格，如果国铁集团或其下属各铁路局集团公司想出售其铁路土地资产，就可以根据评估价格，明码标价，在土地市场上进行交易。如果房地产开发企业愿意与铁路企业合作开发，国铁集团或其下属各铁路局集团公司就可以依据土地的评估价格在合作中占据相应股份。

4. 综合开发价值评价对避免铁路土地国有资产流失的意义

如果房地产价格评估机构、铁路土地资产的所有者以及对铁路土地资源有投资意向的外部投资者形成利益综合体，他们三方就会故意将该块土地的价格评低，从而造成铁路土地资产的流失。开展综合开发价值评价，客观上也有助于防范这种导致铁路土地资产流失现象的发生。

2.1.4 铁路土地综合开发模式的分类

1. 基于综合开发理念的综合开发模式

本书依据相关开发理念，提出了 4 种综合开发模式，分别是 TOD 开发模式、特许经营权开发模式、PPP 开发模式、ABS 开发模式。关于这 4 种铁路土地综合开发模式的详细说明，参见笔者的《铁路土地资产综合开发模式研究》一书。

2. 基于开发主体的综合开发模式

根据开发主体的不同，综合开发模式可以分为铁路企业单独进行的土地综合开发模式和铁路企业与其他经济主体合作进行的土地综合开发模式。这部分内容将在第 12 章中进行详述。

3. 基于开发依托的综合开发模式

这里所说的开发依托，是指依托铁路站场，因为综合开发通常要以铁路站场为依托、连同周边土地进行开发。

铁路站场的规模通常按其旅客每日最高聚集量来划分，见表 2-1。

表 2-1 铁路站场分类表

站场规模	旅客每日最高聚集人数
特大型	>10 000
大型	2 000~10 000
中型	500~2 000
小型	<500

由于旅客每日最高聚集量不同，铁路站场对于土地综合开发的价值就不同。从开发依托来看，可以将综合开发模式分成两种基本模式：大型铁路站场土地综合开发模式和中小型铁路站场土地综合开发模式。

大型与特大型铁路站场通常位于市中心或繁华地段，土地价值高，适合于大型综合性商业开发。

中小型铁路站场通常位于远离市中心的地段。如果没有其他资源支持，这种站场难以进行有效的房地产开发。如果有其他资源，特别是旅游资源的支撑，则同样可以进行综合性商业开发。

土地价值综合评价对于选择何种综合开发模式具有非常重要的意义。一方面，需要通过综合开发价值评价对各种备选的综合开发模式进行比选，选择最优的综合开发模式；另一方面，土地价值评估结果也是吸引合作者的重要因素。

2.2 可行性分析

中国铁路土地综合开发价值评价具有政策、理论、方法和实践这 4 个方面的可行性。

2.2.1 政策可行性

1. 综合开发的政策可行性

政策层面是否允许铁路企业实施综合土地开发并不是铁路系统自身能解决的，只有国家政策层面放行，铁路企业实施土地综合开发才具有政策可行性。

实施综合开发，将交通运输产业与房地产业这两个国民经济的重要产业联系在一起，必将对整个国民经济产生重大的影响。如果没有政策的可行性，国家就不可能允许开展这种可能对整个国民经济产生巨大影响的经济活动。

实际上，即使是市场经济发达的国家，也曾经在某些时期限制这种经济活动的开展。如 1987 年以前，日本虽然允许私营铁路企业开展土地综合开发，但不允许日本国有铁路企业进行多元化经营，当然也就不得进行土地综合开发。只是在日本国有铁路企业积累了巨额债务的情况下，日本政府不得不对其进行改革，使之民营化、分割化之后，才允许分割化之后的铁路企业开展土地综合开发。

国务院 33 号文在政策层面给铁路综合土地开发开了绿灯，这确保了铁路综合土地开发的政策可行性。不过，仅依据 33 号文，并不能保障铁路综合土地开发就能够畅通无阻。各种明暗不一的障碍依旧妨碍着铁路企业开展土地综合开发。当然，对于综合开发这种影响重大的经济活动，国家也需要不断探索。但是从国家层面放行综合开发意义重大，因此，可以希冀国家在今后将不断完善关于铁路土地综合开发的各种政策。

2. 综合开发价值评价的政策可行性

在解决了铁路开展土地综合开发的政策可行性后，国家政策就不再深入到综合开发是否需要进行价值评价这种更细的层面了，这就需要国铁集团自身的政策保障。

2015 年中国铁路总公司颁布的《铁路用地管理办法》，在自身层面解决了进行综合开发价值评价的政策可行性。

因此，进行综合开发价值评价研究，无论是在国家层面，还是在国铁集团层面，都具有了政策的可行性。

2.2.2 理论可行性

1. 综合开发的理论可行性

综合开发价值评价的理论可行性源于综合开发的理论可行性。

关于交通运输产业与房地产业互动关系的研究，一直就是学术界的研究重点。

关于交通运输部门开展土地综合开发，理论研究已经证明了其可行性。这种可行性对于交通运输产业与房地产业无论在宏观上还是微观上，都有着互相促进的内在机制。关于理论上的证明，1.1.2 节“理论依据”部分已经给出说明，这里不再赘述。

需要补充说明的是，绝大多数关于交通运输产业与房地产业的理论研究，还只停留在理论研究层面，对于综合开发的具体实施还难以起到必要的指导作用。这是因为中国刚刚在政策层面上允许铁路实施土地综合开发，理论界既没有成熟的案例供剖析，也缺乏足够的数据进行定量研究。即使现在理论尚显不充分，但铁路实施土地综合开发的大方向已经得到了理论证明，铁路实施土地综合开发在战略层面是合理的。随着中国铁路运输部门逐步推广土地综合开发，理论界必然会及时跟进，最终形成理论界与实践部门相互促进的局面。

因此，中国铁路运输部门推行土地综合开发，不仅在大方向上具有理论可行性，而且随着实践与理论的深入与互动，在具体运作方面的理论可行性也能够得到保障。

2. 综合开发价值评价的理论可行性

综合开发价值评价的理论可行性要比综合开发的理论可行性更高，这是因为，综合开发是相对比较新颖的土地综合开发模式，理论研究时间短，还难以获得成熟的研究成果，而价值评价则主要是技术层面的问题，即使综合开发与通常的房地产综合开发有所区别，但这种区别反映到价值评价上，是可以通过技术来克服的，现有成熟的房地产评估方法和新兴的房地产评估方法应用到综合开发的评价上并没有无法克服的障碍，只是一些参数的历史积累相对薄弱，在准确度上还需要通过时间的积累来稳步提高。

2.2.3 方法可行性

综合开发价值评价本质是方法问题，而不是体制问题。

1. 4 种常用方法的可行性

现有的 4 种常用的房地产评估方法，包括市场法、成本法、收益法和剩余法，都已经在西方应用了很长时间，被证明是有效的房地产评估方法。这 4 种方法引入中国也已经长达 20 年以上，中国房地产评估行业作为一个独立的行业已经运行了同样长的时间。

1994 年 7 月 5 日，第八届全国人民代表大会常务委员会第八次会议通过了《中华人民共和国城市房地产管理法》（简称《房地产法》），不仅标志着中国城市房地产行业得到了法律承认，也标志着中国房地产评估行业得到了法律承认。

在《房地产法》第四章“房地产交易”的第一节“一般规定”中，第三十四条明确规定：国家实行房地产价格评估制度。房地产价格评估应当遵循公正、公平、公开的原则，按照国家规定的技术标准和评估程序，以基准地价、标定地价和各类房屋的重置价格为基础，参照当地的市场价格进行评估。

在《房地产法》第四章“房地产交易”的第五节“中介服务机构”中，第五十七条明确规定：房地产中介服务机构包括房地产价格评估机构。在这一节里，第五十九条还明确规定：国家实行房地产价格评估人员资格认证制度。

国家对房地产价格评估人员的资格考试中，考查就是这 4 种常规方法。

2. 新兴方法的可行性

本书所推荐的新兴方法是实物期权方法。这一方法虽然还没有为全国房地产估价师执业资格考试大纲所接纳，依然属于新兴方法而非常规方法，但这种方法已经诞生将近 40 年。

1977 年，迈尔斯（Stewart Myers）发表了论文《企业贷款的决定因素》（*Determinants of Corporate borrowing*），将期权思想应用到实物资产价值分析领域，并正式提出了实物期权概念。

经过这近 40 年的发展，实物期权理论及其方法得到了长足的发展，已经得到了各界的认可。因此，这种新兴的土地价值评估方法也具有可行性。

2.2.4 实践可行性

1. 综合开发的实践可行性

如果迄今为止没有综合开发成功范例，即使在理论上论证得完美无缺，在实践上也难以令人信服。有了铁路土地资产综合开发成功范例，中国铁路运输部门实施综合开发就初步具备了实践可行性。

香港是世界上实施综合开发最为成功的地区。从自然条件、地理条件、历史文化传统等多个方面，香港与广东省具有很高的相似度。而且，广东省的深圳市、广州市作为中国最发达的城市代表，二者在人均 GDP 上已经达到香港的一半左右，见表 2-2。

表 2-2　2019 年深圳市、广州市与香港人均 GDP 对比　单位：万元

城市	香港	深圳	广州
2019 年人均 GDP	33.60	19.95	15.75

而在 GDP 总量上，广州市已经超过香港，深圳市也已经接近香港，见表 2-3。

表 2-3 2019 年深圳市、广州市与香港 GDP 对比 单位：万亿元

城市	香港	深圳	广州
2019 年 GDP	2.53	2.69	2.36

这就是说，就经济发展水平而言，深圳市、广州市已接近香港的水平。这就为香港综合开发的成功经验移植到广东省，特别是深圳市、广州市提供了一定的实践基础。

日本在综合开发方面成就更为显著。在自然条件和经济发展水平方面，中国最发达的省份——广东省与日本具有可比性，见表 2-4。当然，在人均 GDP 方面，广东省与日本还存在较大差距。

表 2-4 广东省与日本基本情况对比

区域	日本	广东省
2019 年年末人口/亿人	1.26	1.07
2019 年 GDP/万亿元	36.4	11 037
2019 年人均 GDP/万元	28.9	10 330

然而，日本实施综合开发历史久远，早在第二次世界大战前就开始尝试，那时日本的 GDP 和人均 GDP 根本无法与现在广东省的 GDP 和人均 GDP 相比。

因此，从自然条件和社会经济发展水平两方面来看，日本实施综合开发的经验完全可以移植到广东省。

2. 综合开发价值评价的实践可行性

随着中国高速铁路的迅猛发展，中国高速铁路站场周边开发房地产的意义已经被各界充分认识，因此，对中国高速铁路站场综合开发价值的研究就随着中国高速铁路的发展而发展起来了。

3

现状、问题及其原因分析

研究中国铁路土地综合开发价值评价，需要对中国铁路土地综合开发价值评价现状、问题及其原因进行必要的分析。

3.1 中国铁路土地综合开发价值评价现状分析

3.1.1 铁路土地综合开发层面的现状

1. 国铁集团层面的土地综合开发现状

铁路土地综合开发就是基于铁路基建项目，合理利用铁路地上、地下两个空间以及邻近土地实施综合的利用和开发，将土地利用的价值最大化，引领沿线经济社会的进步，而且将进行综合开发所得的各种收益用于填补新建和运营铁路。对于土地资产进行综合开发，不仅可以增强其自身的“造血”能力，也能增加企业的经济价值，并以此来补贴铁路的新建和运营，这也可作为对中国铁路投融资进行的一种政策层面上的探索。

综合开发被列为国铁集团资产经营的重中之重。国铁集团已经要求下属的 18 个铁路局集团公司整合人员力量、技术力量、资金力量，完善并重新组合置业企业，那些有机会的铁路局集团公司可以成立地产置业企业，如果一些铁路局集团公司管辖多个地区或省份，可以根据各个地区的不同政策要求、项目的实际情况以及拥有的资源分布情况并依照行政层级来建立子公司或者项目公司。根据土地的综合开发情况以及企业的重组整合状态，实现产业关联效应以及资源聚集效应，带领工程施工、物业管理等相关产业更新升级，找到新的增长点。国铁集团搭建了一个合作平台来进行综合的经营开发和区域性合作，在人员、技术以及配套设施等方面给各个铁路局集团公司地产企业带来保障，建立铁路地产置业品牌。

国铁集团要进行新建铁路土地的综合开发，应将支持连续运营和铁路建设为基准，并在国家政策的支持下，明确综合开发规划、组织投资开发。

第一，编制好综合开发规划，明确开发用地规模和可运用的扶持政策。综合开发规划要以车站及周边土地、铁路沿线土地为范围，应主要包括投资规模、价值分析、土地规模等要素。以新建铁路财务收益平衡为前提，争取获得城市规划、土地利用规划、土地规模及其利用政策上的地方支持，以协议方式约定用地规模及城市规划、土地利用规划等。

第二，利用政策支持，组织铁路综合体投资建设、开发运营，并尽可能地取得土地投资开发收益和增值收益。是否在某地区设站可以由当地政府和铁路企业协商确定，由铁路企业策划，将车站和周边物业综合发展成以铁路为动力的城镇综合体。

截至 2022 年，在国铁集团官方网站所显示的组织结构说明中，依然没有土地置业公司的身影。

这说明，虽然国铁集团对综合开发是高度重视的，但依然没有为铁路综合开发设置相应的统一的房地产开发企业。

2. 各铁路局集团公司层面的综合开发现状

根据 33 号文件，各路局曾掀起过组建地产公司的浪潮。截至 2014 年年底，在 18 个铁路局中，已经组建了唯一地产置业公司的路局有太原局、呼和浩特局、哈尔滨局、乌鲁木齐局、上海局、郑州局、武汉局、南宁局和昆明局等 9 个局。另外 9 个局中，沈阳局、青藏公司、济南局、广铁公司等 4 个局拟组建唯一地产置业公司，其余 5 个局尚未有组建举措，详见表 3-1。

表 3-1　2014 年年底 18 个铁路局地产置业公司的组建情况

铁路局	地产置业公司组建情况
哈尔滨局	哈尔滨铁路房建置业集团，2 级资质，组织申报 1 级资质
沈阳局	拟组建沈阳铁路地产置业集团，拟力争 3 年资质升级
北京局	
太原局	组建了太原铁路地产置业公司，3 级资质，拟争取 3 年升为 1 级
呼和浩特局	组建了呼和浩特铁路地产置业公司
郑州局	组建了河南中原铁道地产置业公司
武汉局	组建了武汉铁路地产置业公司

续表

铁路局	地产置业公司组建情况
西安局	
济南局	年内组建
上海局	组建了上海铁路房地产开发公司，2 级资质
南昌局	组建了南昌铁路天集房地产开发公司、厦门铁路房地产开发公司等
广铁集团	拟组建广州铁路地产置业公司
南宁局	组建了南宁铁路地产置业公司，年内升为 1 级
成都局	尚待重组
昆明局	云南昆铁房地产开发公司，2 级
兰州局	
乌鲁木齐局	组建了新疆铁路房地产开发总公司，2 级资质，筹划 1 级资质
青藏公司	拟成立青海西藏铁路置业公司

2017 年 11 月 15 日，原来的 18 个铁路局（含广州铁路集团公司）均已完成公司制改革工商变更登记，为国铁集团实现从传统运输生产型企业向现代运输经营型企业转型发展迈出了重要一步。2017 年 11 月 18 日，18 个铁路局集团有限公司正式挂牌。这 18 个铁路局集团公司分别是：中国铁路哈尔滨局集团有限公司、中国铁路沈阳局集团有限公司、中国铁路北京局集团有限公司、中国铁路太原局集团有限公司、中国铁路呼和浩特局集团有限公司、中国铁路郑州局集团有限公司、中国铁路武汉局集团有限公司、中国铁路西安局集团有限公司、中国铁路济南局集团有限公司、中国铁路上海局集团有限公司、中国铁路南昌局集团有限公司、中国铁路广州局集团有限公司、中国铁路南宁局集团有限公司、中国铁路成都局集团有限公司、中国铁路昆明局集团有限公司、中国铁路兰州局集团有限公司、中国铁路乌鲁木齐局集团有限公司、中国铁路青藏集团有限公司。

通过对这 18 个集团公司官网的检索，可以发现，与国铁集团大体相似，虽然这些集团公司对综合开发也高度重视，但相当多的铁路局集团公司依然没有为铁路综合开发设置相应的统一的房地产开发企业。

3.1.2 铁路土地综合开发价值评价层面的现状

（1）国铁集团层面的土地综合开发价值评价现状

开展土地综合开发价值评价，必须要分析综合开发土地资产的相关统计数据，然后根据土地资产与其价值的关系，进行土地综合开发价值评价。从国铁集团层面看，国铁集团并没有提供关于土地综合开发价值评价的相关重要材料。在金融界网站 2020 年 4 月 30 日发布的《中国国家铁路集团有限公司 2019 年年度报告》中的国铁集团资产负债表中，看不到关于国铁集团在公司层面对外公布的土地资产相关信息，见表 3-2。

表 3-2　截至 2019 年年底的国铁集团资产情况

序号	项目	金额/亿元
1	资产	
1.1	流动资产	
1.1.1	货币资金	1 225
1.1.2	存货	804
1.1.3	应收款	1 785
1.1.4	其他	530
流动资产合计		4 343
1.2	长期投资	1 870
1.3	固定资产净值	56 353
1.4	在建工程	10 240
1.5	其他	10 343
资产合计		83 150

而作为对比，在中国目前最大的房地产开发企业之一中国恒大集团 2019 年的年报中，就可以清楚看出其土地资产的价值情况，见表 3. 3。

表 3-3　中国恒大集团 2019 年资产情况

序号	项目	金额/亿元
1	资产	
1.1	流动资产	
1.1.1	非房地产流动资产	6 482
1.1.2	房地产流动资产	11 984
流动资产合计		18 468
1.2	非流动资产	
1.2.1	非房地产非流动资产	1 972
1.2.2	房地产非流动资产	1 626

续表

序号	项目	金额/亿元
非流动资产合计	3 598	
资产合计		22 066

从表 3-3 可以看出，在中国恒大集团的总资产 22 066 亿元中，有 13 610 亿元是土地资产，约占其总资产的 61.7%。

（2）铁路局集团公司层面的土地综合开发价值评价现状

中国铁路系统是一个半军事化管理的企业系统，各铁路局集团公司在土地综合开发价值的评价上只会对国铁集团上行下效，而不会超越国铁集团。因此，可以断定，各铁路局集团公司也都没有在铁路局集团公司层面对外公布关于其土地综合开发价值的相关资料。

3.2 中国铁路土地综合开发价值评价问题分析

3.2.1 铁路土地综合开发层面的问题

作为一种新提出的发展思路，中国铁路建设用地综合开发还存在一些难以解决的问题。

1. 实际操作难度大

铁路建设用地综合开发的权力开放对于铁路改革具有里程碑式的意义，为发展中的铁路建设事业提供了强大的资金支持，减轻了铁路企业自身的压力，同时强化了国铁集团与地方、民资之间的合作交流，给私企参与铁路建设提供了机会，对于国铁集团自身和社会而言，都是利好的。但是，铁路建设用地的综合开发，除了《国务院办公厅关于支持铁路建设实施土地综合开发的意见》（国办发〔2014〕37 号）给各方造成的美好愿景外，实际操作起来依然是困难重重，牵一发而动全身。

综观全国，虽然中国幅员辽阔，但各大城市中最为紧缺的依然是土地资源，土地属于不可再生资源，开发一块少一块，因此土地价格不断上升，拥有一块属于自己的住房用地（房产）成为居民一生中最大的一笔开销。国铁集团手中握有大量的闲置土地，并不能代表这些闲置土地能全部变现。

1）铁路旧线沿线存在的土地使用权问题

虽然国家明令规定铁路沿线 25 米范围内严禁违章建设、堆放垃圾等，但仍有少量的私人或企业以虚假理由侵占铁路用地，在当前大环境背景下，成为影响铁路土地综合开发的潜在问题。

2）国铁集团在大城市中的可开发土地有限

国铁集团在大城市的可开发土地几乎都集中在站场和毗邻区域，而这些地方基本都是城市发展的中心区域，周围住宅林立，商家遍地，城市公共交通也异常发达，开发房地产似有不妥；而三、四线城市及铁路沿线土地的开发因人流量和居民数量双重因素的影响，开发风险远远大于一、二线城市，若稍有不慎，则会承担额外的风险，这些风险将给国铁集团本已困难重重的资金链“火上浇油”。

3）国铁集团开发能力有限

国铁集团虽有自身的土地建设单位和建筑管理单位，但开发资金数目不菲，国铁集团自己投资的能力有限，势必会依赖与房地产开发公司或者私人资金合作来开发土地，这些外来资金注重的是利益，国铁集团作为国企，本身具有公益性质，如何处理公益与利益之间的关系也是国铁集团面临的大问题。

4）相关规划早已制定

土地的管理归属国土部门，城市的建设归属建设部门，城市的整体规划则由建设部门和规划部门共同承担，铁路站场和毗邻区域早已纳入城市规划中，除了政策方面的支持外，政府能否创造条件简化铁路土地开发过程中的手续问题以及能否以铁路土地置换城市土地，真正地形成“铁路建设带来土地升值，土地升值支持铁路建设”的良性循环，也是需要重点考虑的问题。

2. 土地闲置问题严重

理论上，高铁站点的建设对于优化布局以及城市产业升级有着极大的加速作用，增加邻近的土地价值，也使得城市的空间格局得以转变。然而中国高铁建设在上一轮并没有表现出提升周边土地价值以及改善城市空间布局的意义。

国铁集团土地资源的利用率差已成共识。而且，虽然从理论上讲，高铁站点红线内外土地综合开发的增值利益显而易见，但现实情况是，数以千亿元的潜在土地收益已被白白浪费。

3. 铁路沿线土地开发权未定

自铁道部将城际铁路下放给地方政府之后，在融资方面做得比较好的主要是广东省，“一是当地比较有钱，二是思路比较开阔，敢于闯新路子。”所谓的“新路子”指的是广东省推出的城际铁路“以地养铁”模式和大量公共交通项目向民间资本公开招标的举措。不过还需解决的问题是找不到合适的合作投资者和究竟由哪一方来主导红线外土地的主体开发权。

3.2.2 铁路土地综合开发价值评价层面的问题

即使在综合开发层面的问题已经得到有效解决，综合开发价值评价层面也存在一些难以解决的问题。

1. 影响变量多

综合开发价值评价的关键是评估铁路土地的价值，而土地价值受多种因素的深刻影响。

1）未来的影响

在变化越来越快，变化形式越来越丰富的时代，未来的不确定性越来越大。

2）预期的影响

在土地越来越具有资产属性的时代，人们对土地预期的影响也越来越大，当多数人认为土地价格将攀升时，土地价格就必然攀升。而且，在现代社会，人的心理也并不稳定，常常因为外界条件的细微变化而发生巨大的变化。

3）城市扩张的影响

随着市场的扩大、技术的进步，特别是城市化进程的加快，城市在不断扩张，不断将周边的农业土地转换为城市土地，这种转化过程对土地价值的影响越来越深刻。

4）农民对土地依赖的影响

农民对于土地的认识往往与城市居民不同，他们常常对土地的稀缺性和独占性有着更为深刻的认识，这往往使得他们不惜一切代价占有土地。

5）人们对土地其他需要的影响

对很多人来说，他们获得土地并不完全出于收益的考虑，他们可以获得其他的非货币效用，如从占有土地中获得归属感、生活保障安全感等，这些需要并不能完全通过货币进行衡量。

6）集约化的影响

土地集约化水平越高，单位产出就越高，这意味着土地收益就越高。但是，土地集约化需要投入，而且产出并不和投入完全成正比。

7）土地边际收益的影响

在技术进步的时代，土地的边际收益有可能越来越高，但这种趋势能够在多大程度上持续下去，尚难以确定。

8）外来人口的影响

在一个人口充分流动起来的时代，一个城市可能迅速扩张，也可能迅速衰落，而究竟是扩张还是衰落，常常是由外来人口所决定的。

2. 发展历史短暂

对于综合开发价值评价来说，发展历史短暂是一个不能不提及的问题。

历史短暂，意味着历史数据积累量的匮乏。对于土地价格评估来说，历史数据具有非常重要的作用，没有足够的历史数据，就不可能得出大体有效的评估结果。

历史短暂，意味着难以形成有效或成熟的评价体系。重要的评价工作经常是摸着石头过河，在不断的尝试过程中成熟起来的，只有经过长期的反复尝试，才能得到有效或成熟的评价体系。

历史短暂，意味着难以汇集足够的专业评价人才。人才的培养是一个漫长的过程，十年树木百年树人讲的就是这个道理。

3. 相关研究不充分

相关研究不充分，首先就表现在国铁集团及其下属各铁路局集团公司并没有将综合开发评价作为一项重要的工作。

相关研究不充分还表现在没有足够的相关研究成果，以及建立在这些研究成果基础上的评价体系。

3.3 中国铁路土地综合开发价值评价问题原因分析

导致中国铁路土地综合开发价值评价出现上述问题的原因是多方面的，总体来看，在于内外两个方面的原因。

3.3.1 外在原因

1. 导致中国铁路土地综合开发层面问题的外在原因

对于中国铁路土地综合开发来说，当前主要制约因素还是外在因素。

目前的国有土地管理体制对于中国铁路土地综合开发有着明显的制约机制。

十几年前，就曾有铁路建设方面的专家提出建议，通过铁路沿线土地商业开发筹集资金。遗憾的是，这些建议未获重视。当然，当时中国的社会环境也不允许，这是因为当时中国较为严格地限制铁路建设用地，提倡尽量节约站场用地和铁路用地，而且这些土地仅可应用到铁路客货运输。

过去几年，国铁集团（及其前身中国铁路总公司）新建铁路和站点之后，地方政府以出让开发铁路站场周边土地的方式来得到更多的增值收益，但因受政策的限制，国铁集团却未能从中获益。

按照现有国有土地管理法律，划拨用地不能直接进行商业物业及住宅开发，必须经出让补交地价后才能进行。33号文也规定："开发利用授权经营土地需要改变土地用途或向中国铁路总公司以外的单位、个人转让的，应当依法办理出让手续。"这就意味着国铁集团要利用其原生产经营性划拨土地，首要工作是变更土地用途。

土地出让方式有两种：协议和招拍挂。33号文提到依法办理出让手续，但没规定一定要招拍挂。国铁集团也更倾向以协议出让的方式从地方政府手里拿地。国铁集团认为，原土地权属人只要按最低价标准补缴地价，即可继续使用这块土地。这表示协议出让的地价要比招拍挂低很多。而对于土地所在地的地方政府来说却更倾向于增值收益更高的方式，即将土地收回重新组织招拍挂。

对地方政府来说，土地如果通过协议方式出让给铁路运输企业，也就是各级政府用地方财政去补贴铁路，地方政府推进今后铁路建设的积极性会大打折扣。

此外，各方在新建铁路沿线土地综合开发用地规模上，也有各自看法。按照现有政策，用地红线外的增值收益应全部归地方政府。也就是说，地方政府的收益和让利规模受到红线划定的制约。

对于综合开发中的一系列问题，如开发规模如何划定、国铁集团是否可以一二级开发联动、土地增值收益分成、土地指标分配等，都存在不小争议，没有"统一结论"。

即使在国务院发文推动综合开发之后，现有国有土地体制对铁路土地开发的制约性依然如故。有些研究者认为，以土地捆绑来吸引投资，既破坏了土地市场的公平性，与自然资源部提出的缩小征地范围要求相违背，也为各种政商腐败提供了可能。而且这种以地养路的模式还有一个致命的弱点：铁路运输企业拿不出钱的时候，恰恰也是整个经济陷入低迷的时候，连纯粹的房地产用地都没人抢，捆绑了铁路投资的土地能否起到输血作用，还有待观察。

地方政府喜欢修铁路，因为只要建起个火车站，周边商场、饭店、小区就慢慢全建起来了，地方政府不管是卖地收入还是税收，都会有很大的收益。但对铁路部门来说，实际上并没有任何好处，火车站建在哪里都一样。但要是铁路部门也能够建商场或者卖地，那么地方政府可能就会觉得破坏了他们原有的规划，就会产生一定的争利问题。

也有专家认为，《国务院办公厅关于支持铁路建设实施土地综合开发的意见》（国办发〔2014〕37号）等于是中央向地方政府国土部门施压，要求它们必须支持铁路站场土地综合开发利用，但实际上，这一问题到了地方会非常复杂，土地的管理权归属国土部门，城市建设归属建设部门，两部门对城市有一个整体规划，若不调整城市规划，很难在火车站附近进行高密度的开发。由于出让土地和修改规划很可能影响地方利益，所以地方政府有没有决心和积极性，将成为铁路部门实施土地综合开发成败的关键。

此外，现有宏观调控政策对综合开发机制的健康发展也有比较大的制约作用。铁路建设如果仍然是“保增长”和“稳增长”的政策工具，就很难从超常规发展转回常规发展。这一意在缓解铁路资金饥渴症的改革，或难以医治铁路体制痼疾。

总之，虽然国务院积极推动综合开发，但现有土地管理体制和现有宏观调控政策都制约着综合开发的发展。

2. 导致中国铁路土地综合开发价值评价层面问题的外在原因

除了上述导致中国铁路土地综合开发层面问题的外在原因外，在综合开发价值评价层面，外在原因还包括相关规定的不完善。

1978年中国房地产估价活动开始复兴，但直到2016年7月2日，中国才颁布了《中华人民共和国资产评估法》（下称《评估法》），《评估法》在2016年12月1日开始施行。

而综合开发价值评价虽然在很大程度上依托于《评估法》，但又不完全从属于资产评估的范畴。如果完全依据《评估法》，将难以充分体现铁路土地的特殊性；而不依据《评估法》，综合开发价值评价又可能无法可依。

3.3.2 内在原因

导致中国铁路土地综合开发价值评价问题的内在原因也分为两个层面。

1. 导致中国铁路土地综合开发层面问题的内在原因

中国铁路部门内部原因对于土地综合开发健康发展也有着严重的制约性。中国铁路部门还没有真正理解如何将铁路建设与土地综合开发利用相结合。这是导致铁路沿线土地难以有效开发的重要原因。

综合开发的最大问题是高铁站点建设大干快上，没有和周边的土地开发相结合。

已建成高铁站点的土地开发木已成舟，国铁集团没有和地方政府谈判的筹码。况且地方财政日子也不好过，显然不愿意将红线外土地的增值收益拱手让人。

对于已建成的高铁线，出于高铁运行安全考虑，红线内铁路用地变更属性进行商业开发已不可能，而红线外土地增值收益实现仍需要“一个较长时间的培养过程”。

国铁集团如果能够吸收高铁站建设上一轮的经验教训，那么高铁新一轮的建设，需要融合城市总体规划、沿线土地综合开发规划、土地利用总体规划，统筹开发站场和周边土地，统筹开发高铁站场地上和地下空间，最大程度实现土地综合开发价值。这虽然离不开地方政府的大力配合，但主导权实际上掌握在国铁集团手里。如果国铁集团不能利用国务院大力推进综合开发的历史机遇，充分说服国务院及相关部委对地方政府施压，使之必须与国铁集团在高铁建设项目规划阶段就积极与国铁集团进行协调，铁路沿线土地的闲置问题就继续呈现。

2. 导致中国铁路土地综合开发价值评价层面问题的内在原因

对于国铁集团及其下属各铁路局集团公司来说，在没有充分认识到铁路土地综合开发的极端重要性之前，的确难以开展关于铁路土地综合开发价值评价的研究。这首先源于研究的历史逻辑。

在国铁集团及其下属各铁路局集团公司认识到需要进行铁路土地综合开发之后，还面临着评价能力的挑战。由于在国铁集团成立之前，中国铁路政企合一，并不需要进行土地综合开发价值的评价，因此，中国铁路系统并没有专门的土地综合开发价值评估人才。在国铁集团成立之后，由于迟迟未能启动相关研究，人才依然是一个重要的瓶颈。如果国铁集团及下属各铁路局集团公司寻求外脑，又面临着如何鉴定这些外脑是否具有综合开发价值评价能力、水平和成果的难题。

4

铁路土地综合开发价值评价案例经验分析

中国铁路沿线的土地综合开发，已经有了一些可资借鉴的成功经验。

4.1 案例一项目分析

本书选择的案例一是常州市城际铁路交通枢纽周边土地开发项目。

4.1.1 案例一项目发展背景介绍

案例一项目所在城市是江苏省常州市。

1. 常州市概况

常州市位居长江之南、太湖之滨，处于长江三角洲地区中心地带，与长江三角洲地区主中心城市——上海市、副中心城市——江苏省南京市这两大都市等距相望，与江苏省苏州市、江苏省无锡市联袂成片。

常州市的城市性质是：长江三角洲地区重要的中心城市之一、先进制造业基地、文化旅游名城。常州市面积、人口数据见表4-1。

表4-1 常州市面积、人口数据

规划层次	面积/km^2	2019年人口/万人
市域	4 385	474
市区	1 872	339
中心城区	700	195

常州市中心城区建设情况见表4-2。

表4-2 常州市中心城区建设情况

年份	人口/万人	建设用地规模/km^2	人均占地面积/m^2
2015年	225	274.5	122
2020年	248	298	120

2019年常州市社会经济发展情况见表4-3。

表4-3 2019年常州市社会经济发展情况

项目	数量	单位	增长/%
常住人口	473.6	万人	0.1
GDP	7 400.1	亿元	6.8
人均GDP	156 390	元	6.7
人均GDP	22 670	美元	0.5
铁路客运量	1 626.6	万人	6.9

2. 沪宁城际铁路常州站概况

案例一项目所依托的火车站是沪宁城际铁路常州站，为了区别现有的常州火车站，沪宁城际铁路常州站通常被称为新常州站，它不仅是沪宁城际铁路交通重要组成部分，客观上，也是常州市重要的对外形象展示窗口。沪宁城际铁路常州站是常州市与沿线各城市的纽带，它强化了常州市与上海市、南京市的联系，增强了常州市作为长江三角洲地区区域中心城市的集聚与辐射功能，对发展常州市社会经济，提升城市整体竞争力，具有十分重要的战略意义。

沪宁城际铁路常州站平面图如图4.1所示。沪宁城际铁路常州站地区将建设成区域性交通枢纽，汇集铁路火车站、城铁常州站、长途汽车站、轨道交通1号线车站、公交站场、社会停车场、出租车停靠站等各种交通方式，形成一个大型的、集换乘功能于一体的现代化交通枢纽。

常州站北广场将是沪宁城际铁路常州站的核心。除了铁路站场及其直接配套设施外，还设置商务办公、酒店、餐饮、物流信息、交通换乘、智能交通、生态休闲和商住等综合用地，从而形成铁北地区经济增长的新引擎，成为充满生机活力的城市新窗口。

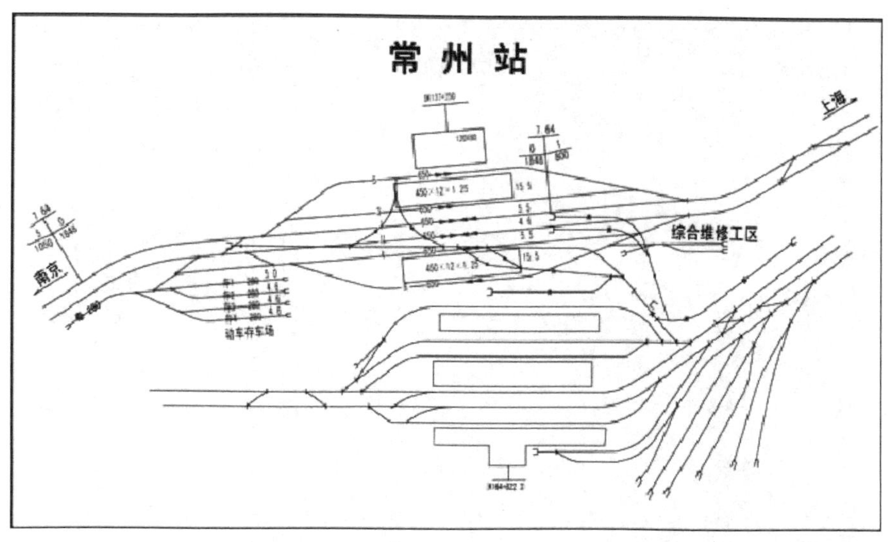

图 4.1 沪宁城际铁路常州站平面图

4.1.2 案例一项目开发情况简介

1. 案例一项目“四至”与面积

案例一项目“四至”是：南至竹林路，紧邻城际铁路常州站；东至飞龙路，西至沪宁铁路，北至永宁路，如图 4.2 所示。案例一项目总用地面积是 1.2 km^2。

2. 案例一项目用地情况

1）案例一项目用地交通情况

案例一项目用地的交通情况优越，对外交通有沪宁城际铁路常州站和原来的常州火车站，与长江三角洲地区其他重要城市联系非常便利；对内交通方面，常州市规划的轨道交通 1 号线在案例一项目所在地块内预留了两个站点——翠竹站和常州火车站站。

2）案例一项目用地性质情况

案例一项目用地大部分为居住用地，其中以二、四类居住用地为主，此外还存在少量的办公用地及商业用地，如图 4.3 所示。

3）案例一项目用地区域内建筑现状

案例一项目用地区域内的建筑既有居住小区，也有城中村，显得很混乱，特别是城中村的建筑质量较差。

图 4.2 案例一项目地理位置示意图

4.1.3 案例一项目用地综合开发价值测算

1. 案例一项目实施主体假设

案例一项目的实施主体假设由房地产开发企业来承担。对房地产开发企业来说，项目用地开发价值体现为项目开发净收益。

2. 案例一项目测算基础

1）案例一项目实际开发面积

虽然案例一项目总用地面积为 1.2 km^2，但实际可开发用地仅为 0.5 km^2，如图 4.4 所示。案例一项目用地中不可开发面积统计表见表 4-4。

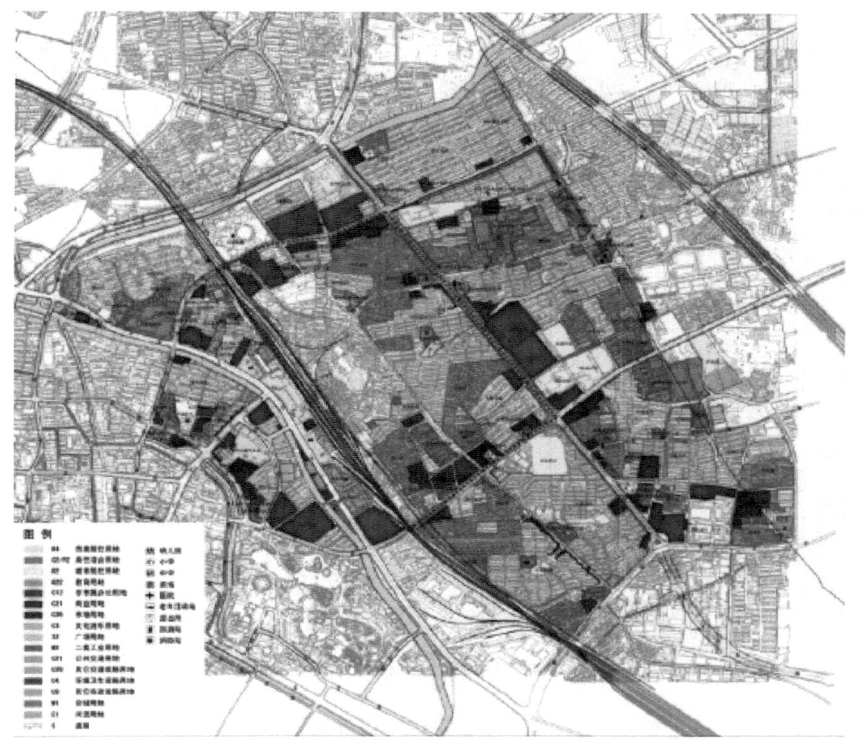

图 4.3　案例一项目用地利用状况示意图

2）案例一项目用地居住人口与就业人口测算

参考国内与亚洲地区主要都市铁路与轨道交通站点周边居住人口密度，可以假定，铁路与轨道交通站点 500 m 半径范围内最低人口覆盖指标经验数值约 5 万人（含居住人口及就业人口），据此推算，案例一项目规划区的居住人口约为 2 万人，就业人口约为 3 万人。

3）案例一项目用地拆迁成本测算

案例一项目用地拆迁成本包括如下 18 项：

① 成套住宅补偿；

② 非成套住宅补偿；

③ 营业用房补偿；

④ 其他住宅用房补偿；

⑤ 装修及附属设施（按涉及总面积计，400 元/m^2）；

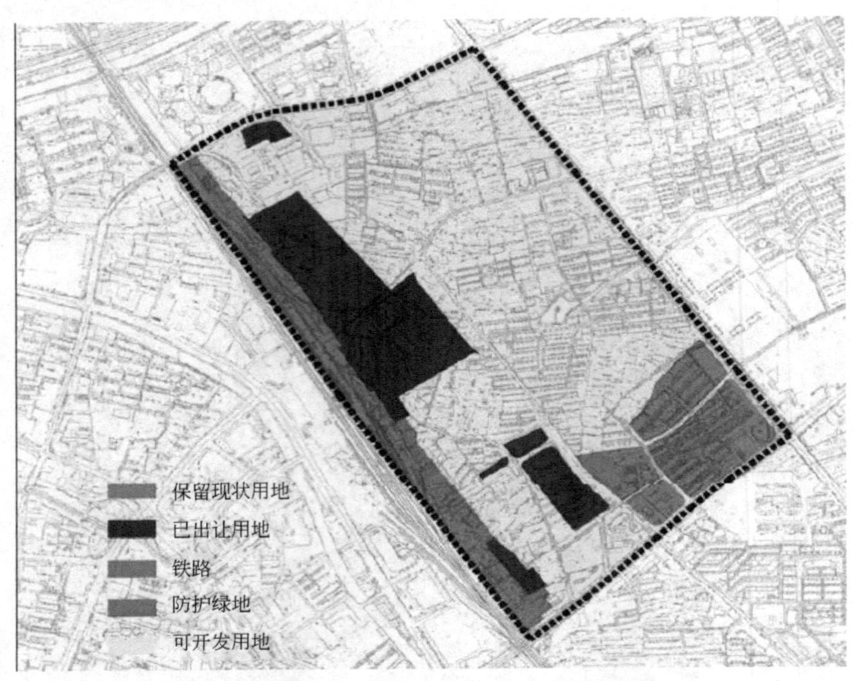

图 4.4 案例一项目实际可开发面积示意图

表 4-4 案例一项目用地不可开发面积统计表

项目	面积/m^2
已出让用地	171 500
保留现状用地	111 500
铁路用地	85 300
道路用地	301 100
防护绿地	35 600
合计	705 000

⑥ 搬迁补助费；

⑦ 搬迁激励费；

⑧ 临时安置补助费；

⑨ 电话、有线、空调、煤气移机费，水表、电表拆除费，产权登记费；

⑩ 成套房、非成套房自营补贴（按自营面积计，1 000 元/m^2）；

⑪ 安置成本贴差（按需要补差的面积计，1 000 元/m^2）；
⑫ 停产、停业损失（按涉及停产、停业的产值 5%计）；
⑬ 属地管理费（按拆迁总费用 1.5%计）；
⑭ 拆迁服务费（按拆迁总费用 2%计）；
⑮ 评估费（按评估金额 0.6%计）；
⑯ 审计费（按审计金额 0.2%计）；
⑰ 不可预见费（按总费用 10%计）；
⑱ 已经支付的拆迁费用。

经过测算，案例一项目用地拆迁成本为 66.9 亿元，见表 4-5。

表 4-5　案例一项目拆迁费用汇总表

项目	费用/亿元
成套住宅补偿	19.97
非成套住宅补偿	12.45
营业用房补偿	4.39
其他住宅用房补偿	3.71
装修及附属设施（400 元/m^2）	3.53
搬迁补助费	0.08
搬迁激励费	0.8
临时安置补助费	1.37
电话、有线、空调、煤气移机费，水表、电表拆除费，产权登记费	0.13
成套房、非成套房自营补贴（1 000 元/m^2）	1.41
安置成本贴差（1 000 元/m^2）	7.5
停产、停业损失（5%）	0.43
属地管理费（1.5%）	0.88
拆迁服务费（2%）	1.16
评估费（0.6%）	0.27
审计费（0.2%）	0.14
不可预见费（10%）	5.68
已经支付的拆迁费用	3
合计	66.9

表 4-5 测算的拆迁成本，可能在具体实施过程中有所变化。

4）案例一项目用地基准地价测算

根据常州市 2010 年公布的基准地价，案例一项目用地商业用地基准地价为 4 900 元/m²，住宅用地基准地价为 1 900 元/m²。公建部分用地基准地价比照商业部分用地基准地价。

5）案例一项目用地建设成本测算

参考常州市同期房地产市场的基本数据，可以确定住宅部分单位面积建设成本为 2 500 元/m²，商业与公建部分单位面积建设成本为 6 000 元/m²。

3. 案例一项目价值测算

1）案例一项目开发规模测算

考虑到政府在收取土地出让金时是否给予减免，可以分为两种情况。

情况 1：政府全额收取土地出让金。

情况 2：政府只收取 40%土地出让金。

假设案例一项目开发利润率按 20%计，要获得等额的综合开发价值，案例一项目在不同情况下的开发规模不同，具体测算见表 4-6。

表 4-6　不同情况下案例一项目的开发规模　　单位：km²

土地出让金收取	全部商业与公建	商业公建、住宅各占一半	全部是住宅
100%	0.76	1.04	1.88
40%	0.64	0.92	1.73

2）案例一项目用地单位建设收益测算

参照案例一项目用地周边楼盘情况，并考虑城际铁路对建筑收益的积极带动作用，确定案例一项目用地住宅部分单位面积收益为 8 000 元/m²，商业与公建部分单位面积收益为 22 000 元/m²。

3）案例一项目用地价值测算结果

以全部进行商业与公建开发为例，案例一项目用地净价值测算结果见表 4-7。

表 4-7　案例一项目用地净价值测算结果

项目	数量	单位
开发面积	0.76	km²
总收益	167.2	亿元
总建设成本	45.6	亿元
土地出让金	37.24	亿元
拆迁费用	66.9	亿元
开发净收益	17.46	亿元

4.2 案例二项目分析

本书选择的案例二项目是吉安市高速铁路站点周边土地开发案例项目。

4.2.1 案例二项目发展背景介绍

案例二项目所在城市是江西省吉安市。

1. 吉安市概况

吉安市位于江西省中西部，赣江中游，是举世闻名的革命摇篮井冈山所在地。吉安市东接江西省抚州市，南邻江西省赣州市，西连湖南省株洲市、湖南省郴州市，北靠江西省萍乡市、江西省宜春市，江西省新余市，距江西省会南昌市 219 km。

吉安市的城市性质是：赣中南中心城市和旅游、商贸服务中心，省级历史文化名城，其相关面积和人口数据见表 4-8。

表 4-8 吉安市相关面积和人口数据

项目	数量	单位
市域面积	25 300	km^2
2019 年年末人口	495.97	万人
2020 年规划人口	520	万人
2020 年规划城镇化率	50	%
2020 年中心城区规划面积	76	km^2
2020 年中心城区规划人口	73	万人

2019 年吉安市社会经济发展情况见表 4-9。

表 4-9 2019 年吉安市社会经济发展情况

项目	数量	单位	增长/%
年末总人口	495.97	万人	0.06
城镇化率	52.52	%	1.57
GDP	2 085.41	亿元	8.1

续表

项目	数量	单位	增长/%
人均 GDP	42 060	元	8.7
铁路客运量	925.4	万人	0.14

备注 1：表 4-9 中的城镇化率的增长，是指 2019 年城镇化率比 2016 年城镇化率增长的绝对值，而不是一般的同比增长率。

备注 2：GDP 年增长率是按可比价格计算，人均 GDP 年增长率是按实际价格计算。

2. 昌吉赣高速铁路交通吉安站概况

案例二项目所依托的火车站是昌吉赣高速铁路交通吉安站，为了区别现有的吉安火车站，昌吉赣高速铁路交通吉安站通常被称为新吉安站。

新吉安站设站于吉安市西，紧邻高速公路，靠近高速公路出入口，有利于建成吉安市一体化的综合性对外交通枢纽。

新吉安站不仅是昌吉赣高速铁路交通重要组成部分，客观上，也是吉安市重要的对外形象展示窗口。昌吉赣高速铁路交通吉安站是吉安市与沿线各城市的纽带，它强化了吉安市与省会——江西省南昌市的联系，增强了吉安市作为赣中南中心城市和旅游、商贸服务中心的集聚与辐射功能，对发展吉安市社会经济，提升城市整体竞争力，具有十分重要的战略意义。

4.2.2 案例二项目开发情况

1. 案例二项目“四至”与面积

案例二项目“四至”是：西邻赣粤高速公路樟吉段，南至禾河，东临《吉安市城市总体规划（2007—2020）》中确定的城区边界，北临抚吉高速公路预选线路，毗邻昌吉赣高速铁路。案例二项目位置如图 4.5 所示。

整个案例二项目的规划区总面积为 50.8 km^2。

2. 案例二项目用地情况

1）案例二项目用地交通情况

案例二项目用地的交通情况比较优越，赣粤高速公路南北向贯穿规划区，南北两端两个高速公路出入口与吉安市区连接。

2）案例二项目用地性质情况

案例二项目用地大部分为非城市建设用地，土地利用现状很单一。

3）案例二项目用地区域内建筑保留现状

案例二项目的用地区域内，如下 6 项建筑需要保留：

① 救助管理中心；

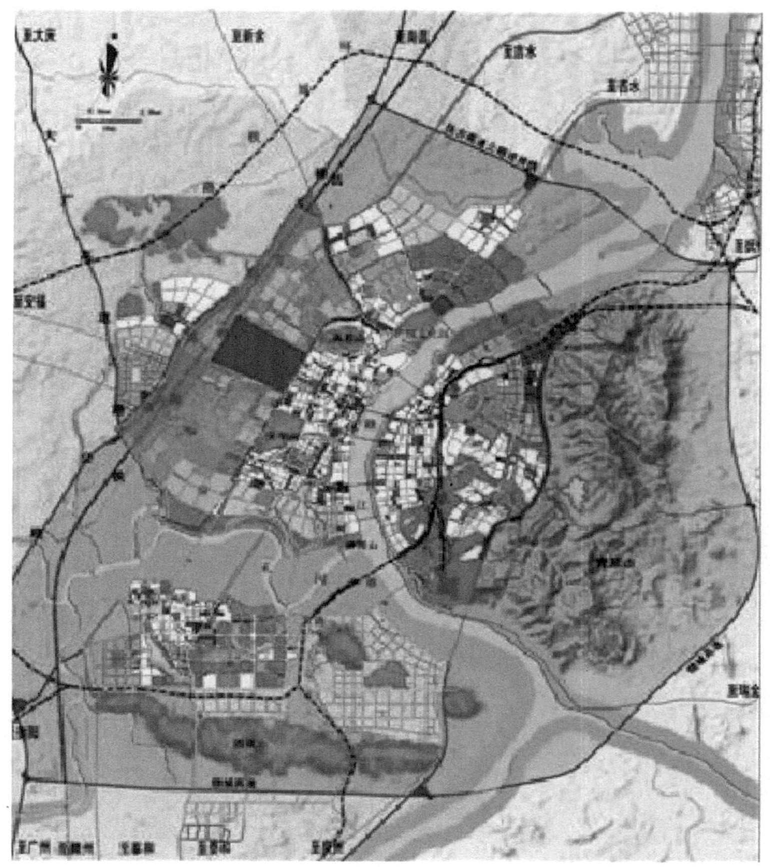

图 4.5　案例二项目地理位置示意图

② 农副产品批发市场；
③ 回归园；
④ 体育公园；
⑤ 职业技术学校；
⑥ 生产资料专业市场。

4）案例二项目用地区域内功能分区

案例二项目用地区域内功能分区如图 4.6 所示。

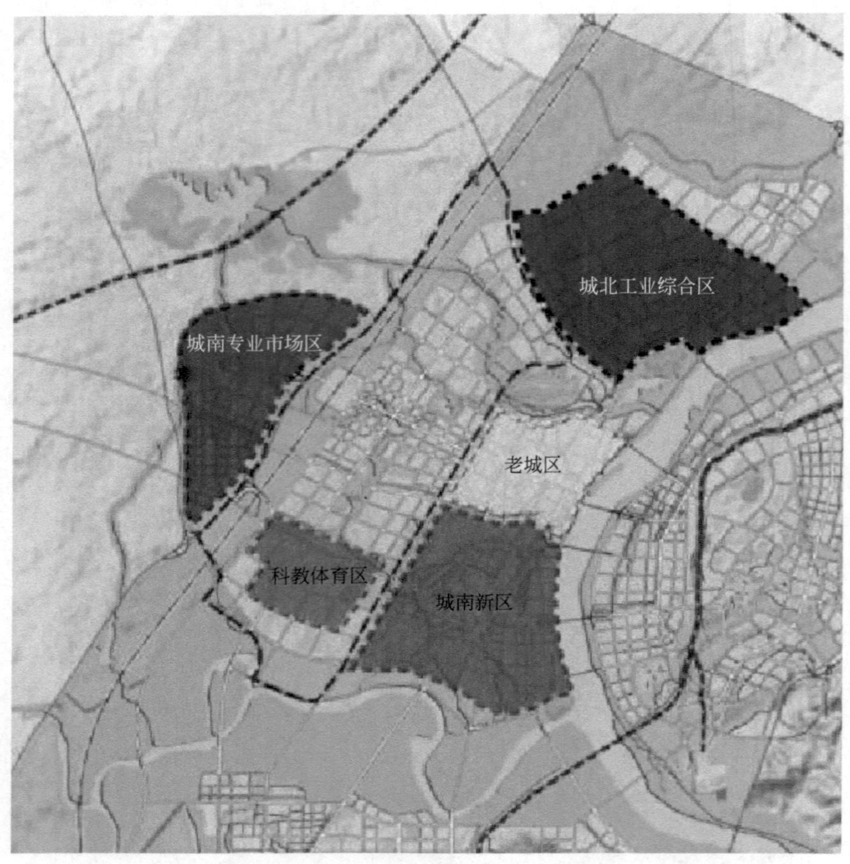

图 4.6　案例二项目用地区域内功能分区

4.2.3　案例二项目用地综合开发价值测算

1. 案例二项目实施主体假设

案例二项目的实施主体，假设由项目当地地方政府相关机构来承担。对地方政府相关机构，项目用地开发价值体现为项目开发用地的土地出让金。

2. 案例二项目测算基础

1）案例二项目实际开发面积

在整个案例二项目总面积 50.8 km^2 的规划区内，如下 3 项属于非建设性土地。

① 水域；

② 村民还建用地；

③ 规划备用地。

去掉上述 3 项内容，案例二项目实际建设用地面积为 33 km^2。在建设用地面积内，如下 3 项属于非开发性土地。

① 现状保留用地；

② 防护绿地；

③ 道路用地。

去掉上述 3 项内容，案例二项目实际可开发面积为 23 km^2，其中，案例二项目的核心区集中于以高铁站点为核心的吉安市阳明西路两侧，开发范围约为 2.1 km^2。

2）案例二项目用地居住人口与就业人口测算

案例二项目采用了两种方法对项目用地居住区就业人口进行了测算。

（1）预测方法一：基于产业分析

案例二项目的就业主要来自第三产业中的高铁站场与物流区。其中，站场区主要提供零售贸易餐饮业、金融保险业、旅游、娱乐等产业就业岗位，而物流区则主要提供批发零售贸易、交通运输仓储等相关工作岗位。

参考国内其他具有可比性的高铁站场案例与物流区，测算的就业岗位数量为 148 800 人，见表 4-10。

表 4-10 案例二项目就业岗位数量测算表

项目	每万 m^2 就业岗位均值/个	面积/万 m^2	可提供就业岗位/个
高铁站场岗位	688	75	51 600
物流区直接岗位	405	60	24 300
物流区间接岗位	405	180	72 900

再参考国内具有可比性的高铁站场开发案例相关数量，可以得知此类开发项目的就业弹性为 0.5，则案例二项目的居住人口与就业总人口为 29.76 万人，计算过程见式（4-1）。

$$\begin{aligned}\text{居住人口与就业人口} &= \text{就业岗位数量}/\text{就业弹性}\\ &= 14.88\text{ 万人}/0.5 = 29.76\text{ 万人}\end{aligned} \tag{4-1}$$

（2）预测方法二：基于建设用地分析

目前，国内平均建设用地指标为 100 m^2/人。案例二项目建设用地面积为 33 km^2，可容纳人口约为 33 万人，计算过程见式（4-2）。

居住人口与就业人口 = 建设用地面积/平均建设用地指标

$$=33\ 000\ 000\ m^2/100\ m^2/人=330\ 000\ 人 \quad (4-2)$$

综合两种方法，可知案例二项目居住人口与就业人口为 30 万~33 万人。

3. 案例二项目价值测算

1）案例二项目用地开发总量测算

案例二项目开发总量测算见式（4-3）。

$$案例二项目开发总量=[(居住人口/每户人口数量)\times 户均建筑面积]/居住比例 \quad (4-3)$$

案例二项目居住人口经测算为 14.88 万~16.5 万人，按照《吉安市城市总体规划（2007—2020）》的界定，2010 年吉安市户均建筑面积达到 98 m^2，每户平均人口为 2.94 人。吉安市房地产综合开发项目的居住比例通常为 25%~35%。

经测算，案例二项目的开发总量为 14 000 000~22 000 000 m^2，详见表 4-11。

表 4-11　案例二项目开发总量测算表

总人口/万人	户均建筑面积/m^2	每户平均人数/人	居住比例	开发总量/m^2
14.88	98	2.94	25%	19 840 000
14.88	98	2.94	35%	14 171 429
16.5	98	2.94	25%	22 000 000
16.5	98	2.94	35%	15 714 286

2）案例二项目核心区用地各种类型建筑配比设计

在案例二项目的核心区，应以商业与办公作为主导功能，住宅建筑和公用建筑应该各占一半比较合适，具体配比建议见表 4-12。

表 4-12　案例二项目核心区各种建筑类型配比设计表

建筑类型	配比/%
居住建筑	50~60
商业建筑	10~20
写字楼	15~25
酒店	5~10
娱乐与其他建筑	5~15

3）案例二项目用地土地价格测算

案例二项目周边房地产开发项目的土地价格测算结果见表 4-13。

表 4-13　案例二项目周边房地产开发项目的土地价格测算结果

土地性质	土地单价/(元/m^2)
居住用地	3 874
商住用地	8 149
商务金融用地	18 050
其他商服用地	528
工业用地	168
文化体育医疗用地	100

综合测算，案例二项目 23 km^2 面积的土地价格约为 680 亿~750 亿元。

4.3　案例经验及其启示

本书选择两个案例项目，分别从房地产开发企业视角和地方政府视角对铁路土地综合开发价值评价进行了研究，虽然视角不同，但力求获得最大的土地开发价值则是不同主体共同的追求。

4.3.1　案例经验总结

两个项目在综合开发方面形成了一些可资借鉴的经验。

1. 把握合适时机

一个大型房地产开发项目，其全过程，从拆迁到招商引资，到开发建设，再到投入使用，短则需要三五年，长则需要十年时间。

考虑到风险因素，大型房地产开发项目需要采取“整体考虑，分步实施”的开发模式。案例一项目在这方面就做得相对成功。

在把握时机方面，把握拆迁时机具有特别意义。案例一项目拆迁活动启动较早，避免了经济形势好转以及城际铁路建设导致拆迁成本持续上升的困境。

由于整体经济形势所限，虽然拆迁成本得以有效控制，但项目开发商融资也受到影响。在开发时机不成熟时，开发商选择做好控制和预留，而不是以牺牲开发品质、降低定位等方式急于求成。

2. 积极改善开发条件

两个项目充分借助城际铁路建设的契机，利用对于地区内的基础设施等的优化来增长所规划地区的土地价值。

3. 充分与政府合作

两个项目充分利用其项目是当地城市对外形象门户地区，其开发品质优劣直接影响到城市形象，因此，项目与市政府积极沟通，得到了市政府各方面的大力支持。

4. 及时修正开发内容

两个项目的规划设计与开发建设也是一个长期过程，在外部环境发生变化，或者现有规划方案不适应外部环境时，案例一项目开发商能够积极地及时根据外部环境变化对开发内容进行调整与修正，从而最大限度地保证案例一项目地块综合开发建设的最终成功。

4.3.2 案例经验对铁路土地综合开发价值评价的启示

两个案例经验对铁路土地综合开发价值评价具有一些启示。

1. 充分认识到综合开发的多方面价值

从案例一项目中可以看出，综合开发具有如下 6 个方面价值。

① 促进所在城市社会经济全面发展；

② 促使以铁路为纽带形成跨城市合作效应；

③ 有利于所在城市人口布局的优化；

④ 增加了城市各个房地产开发项目的有效供给；

⑤ 节约了所在城市的土地，促进了土地开发强度的提升；

⑥ 有利于解决大都市拥堵问题。

2. 充分利用综合开发对所在城市的积极影响促成合理开发

案例一项目既成为所在城市对外形象窗口，又实质性地促进了所在城市与周边全国中心城市、重要城市的交流，得到了所在城市市政府的充分肯定，也因此得到了政府各方面的大力支持。这不仅对于案例一项目所在城市全面提升城市整体竞争力有着非常重要的战略意义，也对沪宁城际铁路沿线土地综合开发有着积极作用。

3. 合理设定开发规模

案例一项目是一个开发规模巨大的房地产综合开发项目，确定合理的开发规模意义重大。案例一项目通过多方面比选，并根据政府的要求，确定了合理的开发规模，从而确保自身合理的开发价值。

5

政策影响分析

在铁路土地综合开发价值评价研究中，政策的影响是不能忽略的重要因素。

5.1 土地财政政策影响分析

在各种政策中，土地财政政策是影响最深刻的一种。

5.1.1 国家土地财政政策影响分析

1. 土地财政政策的积极影响

1）从制度上激发地方政府求发展的积极性

随着工业化和城市化的迅猛发展，土地资源日益显现出稀缺性。在当前的土地管理制度和分税制体制下，地方政府紧握国有土地的控制权，无论是预算外收入还是基金管理收入，土地财政成为地方政府可支配的聚宝盆以及连接城市化和工业化的纽带。一方面，土地财政要想招商引资，一般会用出让廉价土地的方式，促进投资增长、经济扩张以及解决本地就业问题；另一方面，土地出让为城市扩张建立了保障和基础，将非工业用地用较高的价格出让，也会促进建筑业和房地产业的发展，并从一定程度上优化城市的环境。土地财政会激发地方政府的积极性，这也会给地方的投资和建设带来巨大的资金支持，这也是地区经济增长的一个原因。

2）土地财政的另一面是改变土地资源的配置方式

土地财政作为土地使用性质转变的一种收益，它使大量的农业用地转向了工商业用地和城市建设用地。对于处于工业化中期的中国，大量非农土地的投入是其经济增长的一个重要源泉，与农业用地比较，非农用地有更高的经济生产力比较优势。当然这种转变不是没有边界的，中国耕地保护的“红线”就是必须坚守的底线。

3）土地财政加速了城市化的进程

土地财政一方面给城市的发展提供必要的扩张空间，另一方面土地出让收入的大幅增加，为城市发展、基础设施建设提供了巨大的可支配财力。城市作为各种生产要素集聚的空间，能够创造出规模经济效应，是现代经济发展的“增长极点”，是提高产出效率、节约社会资源与转变发展方式的重要载体。

4）土地财政公共投资有很强的外溢性

土地财政的一个重要特征就是其支出倾向于公共基础设施的建设（既包括城市基础设施又包括与工业生产相配套的公共设施），节约了私有资本的投入，变相地给予其补贴，有利于拉动全社会的投资。除了历年来土地出让收入中大部分投入基础设施建设外，以土地为主要抵押物的地方项目贷款是一个更大的资金来源。

5）土地财政有助于推动经济结构的转型升级

土地财政增加了地方政府的支配财力，它为产业结构调整，特别是高新科技产业和第三产业发展提供了直接或间接的资金支持。尤为重要的是，城市化的发展总体有利于提升人力资源的素质，有利于带动经济社会的全面发展。刘志彪认为产业升级过程有利于城市化发展与深化，但根据中国具体的社会阶层利益再分配可行性分析，土地财政必然要在今后一个较长的时期内继续在某种程度上发挥历史作用。

2. 土地财政税收政策的消极影响

地方政府成为城镇土地的实际所有者，享有土地出让的自主权和几乎全部收益，这种体制虽对调动地方政府的积极性有巨大作用，但也导致地方政府土地出让目标的扭曲，带来一系列消极影响。

1）对地方财政稳健运行带来隐形影响

地方政府希望土地收益能够实现最大化，但这种做法虽然在短期内可以使政府财力剧增，但对地方财政的稳健运行带来隐性风险。地价受市场供求关系的影响大，土地出让收入随地价波动也具有不稳定性。地方财政如果过于依赖土地出让收入，甚至用土地出让收入来弥补一般公共预算缺口的话，显然不利于地方财政的稳健运行。

2）不利于优化土地利用结构

土地出让制度在将土地从“无偿划拨”造成的资源浪费中解脱出来后，各地在“多卖土地多得利”和招商引资的利益驱动下出现土地供给失控。现行体制规定地方政府都拥有土地使用权出让和取得收益的权利，并将出让土地使用权的收入交由各地方自收自用。各地在利益的驱动下各种乱象屡禁不止，主要表现在：建设用地的供应增加、耕地的占用扩大、建设用地总量增长快、过度扩张工业用地、违法违规用地、滥占耕地等。

3）土地财政引发的资产价格上涨等对经济增长有消极作用

近年来，在土地财政节节攀升的同时，房价、汇率等资产价格也在上涨，前后两者存在互动关系，土地财政可以引发其他资产价格的上升。当今的中国步入了低价工业化和高成本城市化共存的阶段，非常不利于中国工业化和城市化的协调可持续发展。如何在保证工业化继续深化的同时，稳妥地推进城市化是中国的现实要求，而其中的核心问题是城市化模式选择，而土地财政又是其中的一个关键核心。

4）土地财政的其他消极效应

土地要素与资本、劳动等要素不同，土地是稀缺资源，其供给缺乏弹性。相对于土地需求方而言，土地供给者是市场上占优势的一方，如果作为城市土地主要供给者的政府追求土地收益的最大化，容易侵蚀资本、劳动要素所有者的利益，站在全社会的角度看，这会影响到经济和社会的和谐稳定。

5.1.2 地方土地财政政策影响分析

1. 土地财政与地区经济增长

土地财政对地区经济增长的影响通常体现在土地的收益以及之后的一些综合价值，具体可以概括为三个方面。

① 土地财政带来的地方政府财政收入的增加促进了地区基础设施的建设，从而通过投资需求的扩张推动了经济的增长。并且作为资本存量存在的已建成基础设施也为本地区经济的进一步增长奠定了良好的基础。

② 为加强地方吸引外资的优势，地方政府以低廉的出让价格为条件吸引商资并日益完善地方基础设施，这在一定程度上加速了城市投资的扩张，继而带来经济的增长。

③ 地方土地财政行为引发的土地市场的热潮，继而带动的房地产业、建筑业及其相关产业的发展对地方经济的发展也起到了一定的推动作用。并且这些产业的发展又加速了土地的增值并催生了其他行业的兴起，地方经济得以数倍扩张。

从上面几个方面的研究可以看出，若要从经济增长的层面来看“三驾马车”，那对于经济增长有较大影响的土地金融机制一般是由投资这样的马车来完成，这样的马车不仅要有政府基础设施投资，还要有房地产投资、企业的房地产开发投资以及外商投资企业的外商投资。但是，不管是政府还是企业来投资，它的启动在本质上来说是由土地金融获得的巨额资金，也就是土地的财政收入。

2. 土地财政对第二产业经济增长的影响

从各地土地出让的实际情况来看，第二产业土地出让的较低地价通常仅仅只能补偿政府土地开发的“五通一平”或“七通一平”成本。在经济欠发达地区，对待规模投资项目，通常以低于开发成本的价格供地。从这个角度来看，地方政府来源于此的土地财政收入完全可以视作政府的公共投资活动，其对第二产业增长的影响是直接的。

3. 土地财政对房地产价格的影响

土地财政作为地价收入的集中反映，与地价收入紧密相关，在出让面积一定的情况下，地价越高，政府相应的土地出让收入就越高。现行政府的土地出让方式，无论是房地产用地的“招拍挂”方式，还是工业用地的协议出让方式，均有直接推升地价的动机与作用渠道。但由于地价与房价直接的相互作用关系较为复杂，所以土地财政对房价产生的影响是间接的。

5.2 货币金融政策影响分析

货币金融政策在国家层面主要是货币政策，在地方层面主要是金融政策。

5.2.1 国家货币政策影响分析

金融货币政策是主要的、传统的宏观调控手段之一，其政策执行工具包括利率、准备金率、汇率、区域信用控制等。土地市场要想顺利进行下去也要求有较多的资金，资金利息也很多，公司的自有资金要想连续投资经营下去是不足够的。房地产作为一项资金密集型产业，一直都面临着缺乏资金的情况，所以通常用银行贷款的方式来进行融资。我国的房地产业过多地依赖于银行，银行系统也同时承担了房地产行业大多数的金融风险，这也可以说是房地产业投资迅速增长的重要原因。而金融货币政策是社会宏观调控的总需求，变化的金融货币政策会给房地产业资金带来很严重的影响，而且给地价也带来明显的影响。

利率变化对地价影响很大。对购买者来说，在通货膨胀和收入都确定的情况下，消费者用于现金支出的比例与利率高低密切相关。利率上升时，消费者的储蓄和投资意愿增强，消费支出则下降；利率下降时投入更多收入用于当期消费或其他，如贷款利率低，消费者则会举债购买不动产，扩大当期消费。对房地产公司而言，利率下降时，企业本身还息能力增强，房地产需求增加，企业会增加土地购置数量，引起土地交易价格上升；利率上升时，不动产消费下降，房地产公司利息成本会增加，房地产公司对土地的需求变少，导致土地交易价格下降。另外，地价是预期未来收益的净现值之和，地价与兑现率负相关，而兑现率与利率相关，因此利率上升，地价下降；利率下降，地价上升。

存款准备金率的变化将导致货币供应量的变化。当采用货币紧缩政策时，存款准备金率增加，货币流通量减少，房地产市场资金紧张，土地需求量减少，土地交易价格下跌。当政府鼓励不动产资产投资时，采用货币宽松政策，相应降低准备金率。随着货币流通量增加，可用于房地产公司的资金数量增加，土地需求量增加，地价上涨。在国际性不动产投资中，汇率的波动会影响土地的投资收益。当一个国家的货币预期升值时，它将吸引国外资金购买该国不动产。如果很多国际投资机构预计人民币升值，更多的国际房地产投资企业在上海等城市购买地产，导致上海等城市的地价上涨。相反，如一国货币贬值，土地价格将会下降。另外，如调整房地产行业资本比例（如自2003年起，央行要求开发商必须有30%以上的自有资本金）、控制个人最高住房贷款数额、贷款最长期限、最低首付比例（成数）等信贷政策都会影响房地产价格，进而影响土地市场价格。

5.2.2 地方金融政策影响分析

关于地方金融政策，本书主要从信贷政策和利率政策两个角度进行分析。

1. 信贷政策对房地产市场的影响

已经有学者运用各种面板数据计算得到，房地产市场的供给贷款弹性系数是0.95，需求贷款弹性系数是0.68。研究发现，银行信贷资金对于房地产行业的供求关系有着重要的影响，银行信贷支持也对房地产的发展有着重要的作用。所以，国家会采取宏观政策措施对银行信贷资金进行有效调控，对信贷进行改善就相当于开发商和买方资金的来源减少，也就在一定程度上削弱了资金的杠杆效应。

对房地产开发商来说，通过最近的宏观调控，不断收紧银根，期望逐渐降低对信贷的依赖程度；而实际上，房地产开发资金主要源于贷款和其他资金。新的信贷政策直接影响房地产供给，并将加重中小型开发商的融资难度，这有利于房地产业的结构调整，同时不会影响住房的供给量。

另外，信贷政策也会在一定程度上影响对购房的需求。将房贷首付比例调高，若真实购房者有着较高的收入，并不会有多少影响；而如果真实购房者是一个中低收入者的话，这将会推迟其购房的时间。对于投资需求者来说，信贷方面的杠杆效应也会有直接的影响，虽不能消除购房的投资性需求，却也将在某种意义上有一定的抑制作用。

2. 利率政策对房地产市场的作用机制

以加息为例，一方面，从房地产开发商的角度而言，房地产开发成本会因利率的提高而增加，增加的这部分成本会被分摊到最后的房价中，但这不一定会导致房价上涨，因为房价不是仅受单方面的影响，结果取决于房地产的供求关系。对于一些小型房地产开发商来说，若成本增加过多，资金链处于危机之中，这就需要大量资金来恢复，销售价格则会因此而降低；而对于大型的房地产开发商来说，他们财力雄厚，可能会让购买者承担这些成本，这便会使得房地产价格升高；不过也可能是因为开发商利润率的影响，使得房价并没有发生多大变化。通常来看，加息增加了开发商的成本，在某种意义上使得房地产开发公司要进行重新“洗牌”。

另一方面，从消费者的角度来说，提高利率远远超过了房地产开发公司的影响，将利率升高本质上是减轻了银行支持购房者的程度，也将购房者的支付能力降低，这种支付能力的降低同样会导致市场上的整体需求量慢慢降低。利率的升高也降低了实际房价与收入的比率，若收入仍然一直不变，房地产价格就会降低。若不降低，则收入会在一定程度上增加，以便能够支付相应的房价。如果收入保持不变，将会排除那些有边际支付能力的人，这样做的结果也会使得需求减少。从投资者的角度来说，虽然利息上升的程度较小，但是会非常明显地影响投资回报率，这必然导致投资需求下降，投机者考虑转向其他行业或持有资金，从某种意义上，也同样对房地产的需求量产生了抑制作用。加息会让人们在买房时由于心理预期与实际不符而受到影响。预期利率如果要上调，加息也就相当于增加房价，这种心理预期也在一定意义上降低了需求。

5.3 土地政策影响分析

土地政策对综合开发的影响最为直接。

5.3.1　国家土地政策影响分析

在房地产建设过程中，土地被看作是投入的最重要要素。现今中国城市的土地国有制度使土地政策成为房地产经济的一个重要外部冲击因素，大多数情况下会以适当调整土地市场的规模、结构以及供应方式来予以缓冲。土地政策对土地市场带来的各种作用最终也会影响房地产市场。因此，中国的土地政策在制度方面历经了多次演化之后，究竟它是如何影响房价和地价的呢？这仍然是一个非常值得研究的问题。

1. 土地政策对土地价格的影响

1979 年以前，中国规定国家应该拥有土地所有权和使用权。1979 年中国开始实行改革开放，政府颁布的《中外合资经营企业法》已经指出了关于"三资企业"土地使用费的征收办法。在这之后，以行政配置、无偿划拨出让土地的方式从根本上发生了变化。《中华人民共和国宪法修正案（1988 年）》有了关于土地使用权可以依法转让的相关事项，为中国设立土地所有权和使用权两项权利奠定了制度基础。之后相继出台的土地政策对于土地使用权可以划拨、出让、转让、出租、抵押等做出了明确规定，土地市场有了"划拨——出让"双轨制和"协议出让——招标、拍卖出让"双轨制并存的现象。2002 年国土资源部发布了《招标拍卖挂牌出让国有土地使用权规定》，要求部分经营性用地必须以招标、拍卖或者挂牌的方式出让。2004 年出台的《关于继续开展经营性土地使用权招标拍卖挂牌出让情况执法监察工作的通知》规定了所有经营性土地出让全部实行招拍挂制度。这一系列土地政策制度的变更也给土地的供给方式带来了巨大的改变。

在要以竞争的方法实行土地有偿转让的背景下，土地的交易价格是以协议、招标、拍卖的方式产生的土地转让价。其中，协议地价是指政府与土地需求者就特定地块通过协商后达成的交易价格。招标价格的形成过程是，招标人，即政府先确定一个招标初始价格，然后各投标人在此基础上提出各种投标价格，最后由政府在综合考虑收益、建设规划、企业信用等各项指标后确定中标企业，中标企业的报价就是招标价格。拍卖价格是政府在按照土地收益最大化原则的基础上，按拍卖保留价格拍卖土地的价格。最高的价格也就是土地的交易价格。所以，若有更高的市场化程度，那么土地价格将会更高。在 2001 年之前，我国土地交易价格指数比较稳定，但到 2002 年之后，土地交易价格指数上升很快，在 2004 年到达最高值。也就是说，土地政策不仅将土地供给模式变得更加规范化，而且带动了土地价格的市场化进程。这几年以来，我国土地价格升高的势头和土地流转制度改革步伐是一致的。

2. 土地供应量对土地价格的影响

收入变化和经济发展都将增加房地产的需求量，因此对土地的需求也会增加。假设土地供应量的增加可以不受限制。在时间的推移中，土地供应将变得有弹性，从而改善供需矛盾，使土地价格稳定在较高的水平。然而，无限制地增加土地供应很容易造成土地市场的投机。若土地需求慢慢扩大，由于土地供给又有其刚性，土地价格不可避免地会迅速上涨，并可能产生土地价格泡沫。反之，若土地政策在一定程度上抑制了土地的供给，则通过限制房地产企业的过度开发能够对土地的开发规模进行控制，从而导致土地价格一直都是在较低水平。但是，若过度地限制土地的供给量，就会很大程度上削弱房地产企业的投资积极性，市场出现供给不足，导致经济实体期望提高土地价格，从而推高土地价格。

根据我国土地市场的具体情况，1988 年推出了《中华人民共和国土地管理法》，其中也限制了土地的供应。但由于经济市场以及土地市场在不断发展，我国并没有将建设用地的总量控制得很好。对于这一问题，国土资源部发布了相关的文件，并对土地总量做出了两条相关规定：一是严格控制开发区内供应房地产开发用地，严禁以科技、教育名义获得土地后，搞房地产开发，严禁使用集体劳动土地搞房地产开发。二是对住宅价格上涨过快的地方，在控制总量和调整结构的前提下适当增加普通住宅用地供应。自 2004 年以来，政府出台了一系列关于土地政策的文件，其中严格控制了土地供应和土地供应结构，在政策支持收紧土地的情况下，土地征用区和开发区呈现出放缓的势头，然而土地的供应量变少导致市场的参与者对未来土地的价格有了更高的预期，从而导致近期的土地价格一直在逐步升高。

3. 土地供应结构对土地价格的影响

土地供应结构的发展变化对于土地价格的作用是依照供求理论来体现的。也可以说，若高端商品房对于土地的使用量上升，那么普通商品房对于土地的使用量会变少，普通商品房的市场需求量也会变强，这样一定会使普通商品房的价格升高。即使在高端商品房用地减少，普通住宅用地增加的情况下，如果供给低于市场需求，仍然会导致普通住房地价的上涨。

关于中国一些地区的高档商品房和写字楼空置率上升、普通商品房的供应不足以满足需求量、房价升高速度快等问题，自 2003 年到现在，通过调整中国建设用地的结构等土地政策得到了控制。国务院在 2003 年发布《关于促进房地产市场持续健康发展的通知》，国土资源部发布《关于加强土地供应管理促进房地产市场持续健康发展的通知》，对住宅开发土地供应结构作出了明确要求。2008 年国务院下发的《国务院关于促进节约集约用地的通知》又对优化住宅用地结构作出规定，保证超过 70%的住宅用地被用到建设廉租房、经济适用房、限价房和 90 m^2 以下中小套型普通商品房，避免大套型商品房占过多的土地。在严格控制土地供应结构的背景下，近些年以来，不同于全国高档住宅建设用地价格的波动趋势，普通住宅建设用地价格一直呈下降趋势。

5.3.2 地方土地政策影响分析

随着土地政策的不断出台，土地成为房地产市场的焦点。土地供应规则逐步完善，管理模式向公开化、规范化过渡。以广州市为例，近年来广州市在贯彻国家政策，建设土地有形市场方面始终不遗余力、坚决推行，使广州市的土地市场得到均衡和理性的发展，这是广州市房地产市场维持稳定的重要基础。

1. 土地供应量与房地产数量、房地产价格关系

调控土地供应量是政府调控房地产市场的政策手段之一。土地供应数量通过竣工面积作用于房价，土地供应转化为商品房销售面积有一定的时滞性，一般开发商从取得土地到完成开发、形成商品房供给需要 2~3 年的时间，再加上房地产市场涨声一片的情况，开发商往往会囤积土地，减慢土地开发速度，以便在不断上涨的房价中获得更多的收益。

土地供应总量对房价的影响还可以通过对开发商与消费者的心理影响来阐述。相对于需求拉动，广州的土地供给处于一个欠饱和的状态，这样便使消费者产生了如图 5.1 所示的地价与房价的预期。

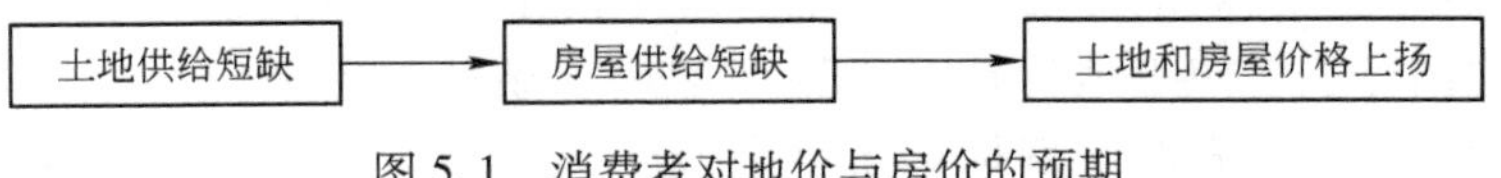

图 5.1　消费者对地价与房价的预期

土地供应量的调控从政策上严格控制土地资源，令消费者有了房市供应总量在未来会减少、将来房价会越来越高的预期。这样除了会引发一部分投机需求外，也令一部分消费者提前把预期意愿转变为即期行为，增大对房地产市场的总需求，推动了房价上涨。这个过程证实了消费者对地价和房价的预期是正确的。

据此，可以由图 5.2 解释土地供应量与房地产数量、房地产价格的关系。

土地政策通过影响土地供应量的变化，影响房地产开发，导致房地产数量变化，从而改变供求关系，导致房地产价格发生变化。土地供应量会随着价格的变化而产生改变，进而使得土地供给量或增或减，从而导致住房供给受到影响，对房价产生作用。而由于我国的土地政策制度较为特殊，且逐渐

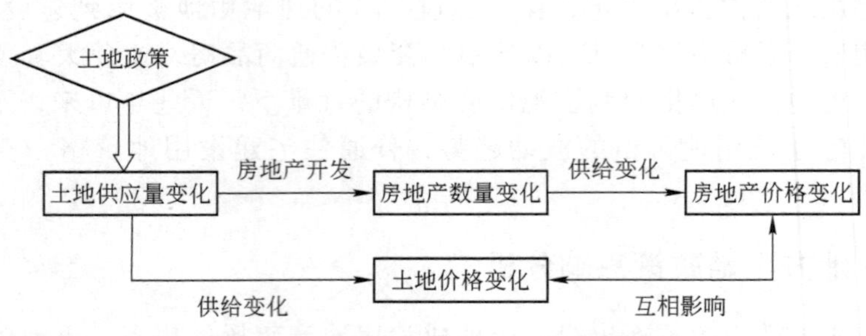

图 5.2　房价受土地供应量影响的传导路径

实施了一系列的土地储备政策，政府将土地市场完全垄断，土地供应量的波动情况受到国家的供应计划及各种政策的影响。

2. 土地价格与房地产价格的关系

土地价格是市场需求引起的，即对土地产出物的需求引起对土地的需求。房地产价格代表了对房地产的需求，若房地产价格高于房地产成本价格，则会加剧对土地的需求量。由于土地的供给价格缺乏弹性，导致了地价的升高，即高地价相对于高房地产价格是结果，不是原因。土地市场的供求关系形成土地价格。商住用地出让价格与新建商品房交易价格有一定的关系，属于高度正相关。如果土地价格弹性和增量以及房地产的价格弹性都不发生变化，在容积率不变的情况下，房价的上涨，必然使房地产的需求上升，从而影响对土地的需求。房地产企业为了追逐利润，就会投入更多的资金去购买土地，在短期内改变土地的供应量，引起土地价格的上涨。而房地产增量的供应是要经过几年的开发周期才能实现。地价成本的上涨亦会引起房地产价格的上涨，如此循环往复使土地价格与房地产增量市场都达到平衡上涨的态势。当增量房地产需求上升时，房地产价格上升，开发商的逐利行为导致土地供应量和土地价格发生变动，而且这一系列的变动会一直循环至均衡。

在相当长的一段时间里，广州的房地产市场经济水平处在上升趋势，房价上涨很快，房地产投资量攀升趋稳，由于需求拉动开发商投资开发，新开发建设量增加，因为房地产开发消耗很多存量土地，导致土地的需求量增加。广州市房价从 1998 年房市开启，房价整体一直处于上涨趋势，购房者与开发商在房价上涨的认知里形成一致的心理预期：房价会一直上涨，推高了房价与地价。可以得出房价推动地价，地价进而推动房价的结论：房价上涨，对住宅的需求强劲，开发商预期房价上涨，购买土地，土地的价格弹性缩小，供求关系紧张，导致地价上涨，地价上涨，引起开发商成本上涨及周边存量房的价格上涨，随之推动整个房地产市场价格上涨。

房产价格和土地价格是相关的。但是一般来说，土地的资源是有限的，而且土地国有的性质，导致土地市场所决定的土地价格更倾向于是一种对房地产需求的反映，并不能真实地反映土地价格。这意味着房地产价格会导致土地价格的变动，土地价格的变动影响房地产价格。恰恰是因为现在房地产市场的供需关系不平衡，房地产价格上涨，导致在出让土地时政府才敢于要求较高的地价，作为地方财政的有益补充；地产商之间就敢于开出高地价，这主要是开发商的定价理念已经不完全是依照其他行业的成本加利润原则，而是主要参考周边项目的房地产价，当市场极度亢奋时，相当一批开发商开始具有了“超前意识”，即不是看眼前的房价如何，而是预测未来的房价怎样，频频开出高地价，使土地价格变得畸高，“地王现象”频频出现。然后高的土地价格又成为房产价格继续走高的理由，最终双方互成因果和驱动，并以相互“滚雪球”的方式放大各自的价格。同理，如果房产价格走低，则土地价格也必然走低。

3. 土地供应结构对房地产市场的影响

土地是房地产的载体，土地供应结构的变化会影响房地产的供求结构并使之发生相应的变化，从而在一定程度上影响房地产行业。一般来说，房地产开发用地有商住用地、商业金融办公用地和工业用地。其中商住用地可细分为普通商品房使用、经济适用房使用、高档商品房使用等。若要调整土地供应结构，则可能使各类房产的比例发生变化，从而导致房价也会有所波动。住房的供应结构指的是在一定时间内房地产开发商所开发的在总供求中不同价位的住房所占据的比重大小。2003 年中国土地供应政策就提出要合理地确定各类房地产用地的布局和比例，优化住房供应结构，在普通商品房和经济适用房供小于求、房价涨幅过快的城市，可以按规定适当调剂增加土地供应量。2005 年与 2006 年在土地供应紧缩，住房用地的供应量逐渐增多的背景下，国务院和建设部提出要适当提高居住用地在土地供应中的比例，着重增加中低价位普通商品住房和经济适用住房建设用地供应量；继续停止别墅类用地供应，严格控制高档住房用地供应。2010 年中央的新国五条提出抑制居住用地出让价格非理性上涨；大幅度增加公共租赁住房、经济适用住房和限价商品住房供应。土地供应以满足城市居民居住需要为主，土地出让规划条件以中低密度开发为主，政府抑制超低密度高档住宅区开发和控制高密度商务区开发的意图明显，就是以优化住房结构来发展房地产市场。

房地产企业为了追求最大化的利润，对于住宅项目更希望开发的是高档住宅，使针对中低收入阶层的住宅供应量过多缺失。想要达到“居住有其屋”的情况，各级政府从考虑当前住房供给结构不平衡的问题出发，调整土地的供应结构以改善房地产结构。土地供应结构在以下三个方面对房地产结构有一定的影响：一是通过提高土地供给中住宅用地的份额以提高住宅供应总量；二是加大在中低价位住宅的土地供给比例，同时增加中低价位、小户型商品房的供应量；三是增加公租房、经济适用房和限价商品房的土地供给以提高经济适用房等保障性用房在住宅总量中所占的比例。总的来说，政府在土地供应方面采取“鼓励扶持有效需求、打压投机行为”的策略，逐步优化土地供应结构，合理规划土地开发和利用。

以广州市2010年的房地产调控政策为例。在2010年，为了切实落实中央调控新政，遏制房价过快上涨的态势，广州市《关于贯彻落实国务院关于坚决遏制部分城市房价过快上涨的通知精神努力实现住有所居的意见》，提出多渠道增加住房建设用地供应规模，调整供应结构和布局，加大住房建设用地的供应规模。2010年全市10区计划出让5 km^2 的商品房用地，计划出让在中心城区约2 km^2 的商品房用地，应该基本上保证可以供应保障性住房、棚户区改造和中小套型普通商品房的用地，使得上面所说的用地不少于住房建设用地供应总量的70%，深入改善住房建设用地的供应结构；对于商品住房的开发建设进行进一步的规范，促进住房二、三级市场发展，增加有效供应；确保在2010年动工新建建筑面积300万 m^2、4万套的保障性住房，其中廉租房150万 m^2、2.3万套；经济适用住房和经济租赁住房150万 m^2、1.7万套。广州市政府通过加大土地供应来调控房地产市场，从长远来看，增加保障性用房的建设将调整房地产市场的供求关系，首先加大抑制投资性、投机性需求，其次普通住房包括经济适用住房一般面积较小，新的规划面积一般在90 m^2 以下。一般购房者买房是以家庭为单位，套型越小，在容积率相同的情况下，单位土地面积所容纳的购房者越多，即同样的土地面积可满足更多的购房者需求，从而影响了住房供需，降低了房价。广州在2010年推出大量的经济适用房来改善房地产结构，根据满堂红地产的成交数据显示，2010年广州存量商品住宅买卖成交按面积分类，90 m^2 以下的物业成交占总成交宗数的70.8%，其中60~90 m^2 的户型成交最多，占46.5%。与2009年相比，2010年90 m^2 以下的中小户型成交比例提高了1.8个百分点，其中40 m^2 以下的小户型成交比例为7.2%，同比提高了1个百分点。中小户型成交比例提高，除了是因为随着限贷、限购和税费优惠等调控政策出台，购买中小户型的消费者增多，还由于通货膨胀的压力，2010年楼市具有“保值防通胀”的作用，而且中小户型具有总价门槛低、出租回报率高的优点，因此亦格外受到青睐。

由此可见，通过调整土地供应结构，限制开发兴建中高档住宅，大力提高经济适用房等保障性住房开发比重，可以缓解房地产市场刚性需求，缓解市场供求结构性失衡的矛盾，使更多人可以“居者有其屋”。

5.4 规划影响分析

5.4.1 国家各种规划影响分析

1. 城市规划对于城市发展的作用

在市场经济的背景下，开发商可以作为城市开发行为的主体，他们可以依照本身树立的积极的目标来决定土地配置，在市场规则不断发挥作用的情况下，经过竞争会形成一个稳定的土地配置，城市规划可以保证一些开发商在开发时的行为规范性，减少发展过程中的盲目性、不确定性或者其他的负面影响，使其向着对城市的整体发展有利的方向发展。

城市规划对城市发展的影响表现在：规划作为国家体系的一部分以及目标制订和政策形成的工具，以效率公平合理平衡为原则，以城市长远发展需要为依据，介入开发商的行为规划，为所有开发决策提供背景框架和总体指导，并将开发商行为规划作为未来空间结构规划的一部分，将城市未来发展活动的空间结构和开发强度限定在法律所赋予的权力范围内，直接控制着开发商的行为。

2. 城市规划对地价的决定作用

城市土地价格不仅反映了土地市场供给结构之下的土地价格的目前情况，还包含着土地未来的发展收益，也就是预期规划地价。

城市的土地价格通常是由合理的土地配置程度、土地功能布局、基础设施的建设水平及城市建设总容量来决定的，这在一定程度上也是由城市规划决策影响的。也可以说，要进行详细的规划也需要更多地考虑地块的开发强度、使用功能及环境控制标准等对土地价格影响较大的因素。所以，城市规划如果把土地利用规划当成主线，就会在一定程度上影响土地价格的高低。

1）规划纲要对地价的影响

城市规划纲要是一种规划策略，通过确定城市的经济社会发展、土地利用、基础设施投资等各项政策来影响供求关系，从宏观上指引城市的开发活动。在制订规划纲要时要对城市的发展速度、土地需求量做出相应的预测，选择新的发展区域并安排土地供应量、土地开发程序、不同阶段的土地投放量，进行基础设施区位的投资等。这些不只是会对整体城市地价的水平产生影响，而且会对地价的分区产生影响。

2）总体规划对地价的影响

从宏观上来看，总体规划对城市土地价值有着决定性作用。

首先，城市地价还有一个比较特殊的影响因素，就是功能类型及对于主要功能的界定，这也是由于土地利用的构成类型会因城市功能的改变而改变。土地的利用方式不同，产生的经济价值就会不同。各种不同的职能共同存在能够为加大城市发展价值集聚更多的力量。换句话说，较大的城市规模，集聚起来产生的价值就会较多，从而使土地极差收益较大。所以，控制城市发展规模也会在一定程度上影响城市的地价水平。

其次，城市规划用地构成的确定和总体的地价水平有着非常密切的关系，不同性质的地价差距比较大。通常来说，地价最高的是商业用地，住宅次之，工业用地价格最低，所以地价的总水平和商住地之间的关系是正相关，但是跟工业用地则是负相关。在城市中商务用地的比重更多地受到城市的功能特点和对用地功能划分的影响，而且合理的用地结构不仅需要进行土地价值的合理调节，而且也需要城市规划在技术上的协调。

最后，对于城市功能分区的规划和空间结构的划分给地价的差异空间带来了很大的影响，城市的空间结构层次也一定程度上影响土地价格的分级体系。商贸、居住、工业等功能的用地聚集度也会决定房地产价格和不同土地的等级之间的价差，规划道路网结构和路网密度也对地段价格产生很直接的影响。

3）控制规划对地价的影响

控制规划是在微观上对土地资源的合理配置，并对地域开发建设起着直接的调控作用。

控制规划通过确定地块开发用途及范围、开发强度、开发定位（包括对用地的界定及使用的规定，如地块形状、大小、进深、临街宽度、临街面数等），影响到具体地块土地价值的高低。

容积率指标可以说是控制规划影响地价的因素中最重要的一个，同时容积率也在一定程度上影响着土地开发的收益。通常来说，地价的波动和容积率是正相关的，就是容积率越大，地价就越高。从其他角度来讲，容积率对于地价的影响和区域也有一定的关系，城市的规模越大，容积率影响地价的程度也就越大。就城市区域来说，从中心到周边，地价受容积率的影响程度也依次变弱。控制规划所确定的总容积率也影响着地价的总体水平。通常来说，总平均容积率越高则地价也就越高，地价的空间分布也受到城市内区片的总平均容积率的影响。

4）规划实施过程对地价的影响

首先，城市的发展速率在很大程度上影响着规划的实施程度。规划实施程度会随着开发建设速度的加快而增大，也会增大土地需求量，从而打破市场的供给平衡，导致整体的地价有所升高。目前我国沿海开放城市地区的地价上升速度和总的地价水平与中西部地区的城市相比较高，这也是因为从经济发展和城市化来说，沿海地区比其他地区的发展更为迅速。

其次，地价空间分布及变化情况也受到规划实施方式的影响：采用由内到外开发，即优先改造核心城区，提高市中心的土地集中程度，伴随规划的实施，中心区地价会大幅上升，形成中高地价核心区，同时通过扩散效应带动外圈地价水平的升高，使地价空间分布呈单核形态。反之，采用由外到内开发模式，会使得外圈地价先上涨，推高整体地价水平，除市中心峰值外，在外圈副中心区形成多个层级地价峰值区。

5.4.2 地方各种规划影响分析

地方各种规划对土地开发的影响是多层次的。

1. 城市性质的设定与改变对地价的影响

城市规划直接决定了城市性质，这影响到城市基准土地价格总体水平的变化趋势。

如果规划中提升一个城市的性质，则表示该城市在区域中的地位将会提高，政府的投资强度亦会增加，空间环境及基础设施会越来越好，土地质量的等级也将持续提升，地价则不断抬高。

当某城市的性质因社会、经济、区位发展等因素的变化趋向衰败时，城市空间环境效率会大幅下降，土地使用价值不断下降，地价也就同时下降。

城市性质还涉及产业政策，后者也是合理安排不同用地份额的基础，从而进一步影响土地出产率的高低和不同地价变化的趋势。

2. 用地规模对地价的影响

城市用地规模是指土地的供应总量对地价产生的影响，本书采用经济学中的供求平衡关系进行定性分析。

土地市场依赖以价格形成机制为中心的市场化机制。地价的形成是由土地的供需决定。土地的供求平衡和价格机制是土地市场运行机制的核心。

土地是一种特别的商品，受普通商品供求规律制约的同时有着特殊的供求形式。土地市场的平衡与普通商品市场平衡原理相同，但也存在一定的特殊性。

1）长期状态下，土地供求关系的一般均衡

长期状态下土地的合理供应存在弹性，地价上升，土地供给增加，土地需求伴随地价上升呈下降趋势。土地供求关系的一般均衡如图 5.3 所示。

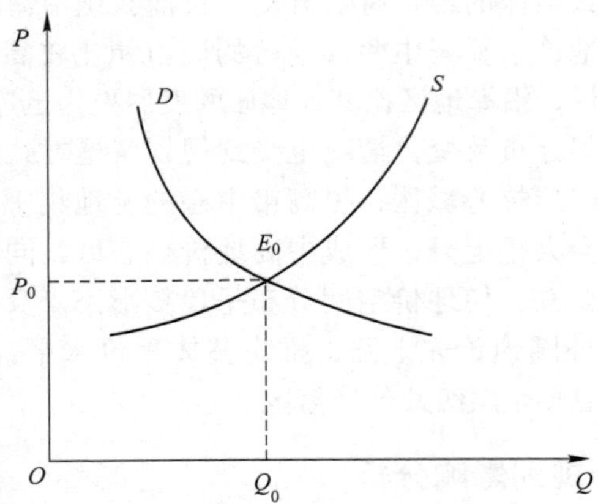

图 5.3　长期状态下的土地供求关系的一般均衡

在图 5.3 中，P 表示土地价格，Q 表示土地供应量。从左上方向右下方倾斜的曲线 D 是土地需求曲线，从左下方向右上方倾斜的曲线 S 是土地供给曲线。后续图中，这 4 项表示均相同。

2）短期状态下，土地供求关系的平衡

短期状态下土地供应的弹性极小，地价或地租由土地需求方主导决定。短期状态下的土地供求关系的平衡如图 5.4 所示。

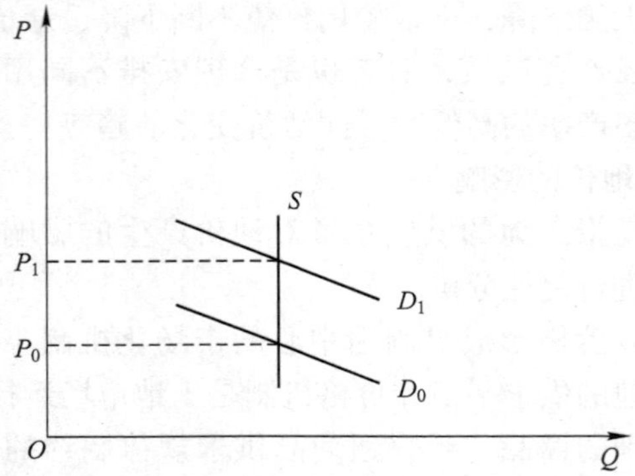

图 5.4　短期状态下的土地供求关系的平衡

城市规划的用地规模实质上限定了城市的发展边界，也明确了城市土地供应是有一个极限值而不是无限增长的，如图 5.5 所示。而不断增长的用地需求必然无限接近该值，在该值附近，地价应声上涨。

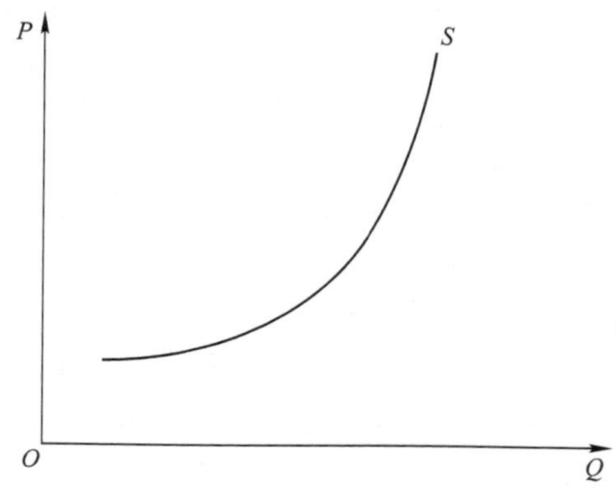

图 5.5 城市规划下土地供应

3. 城市结构对地价的影响

城市规划影响城市结构层面实际的土地价格，通常体现于土地价格的发展趋势和分布，这些都是动态的。这一问题的重点是其对地产价格的总体水平和不同等级的土地差异所造成的影响。

① 城市结构的布局能够合理化主要得益于合适的规划，并且跟不同的分区进行配合，居民的生活和工作也可以更加地便利。城市应该从整体上不断加强对环境的改善，从而提高城市对人们的吸引力。这种影响也体现在土地价格上，也就是说结构规划对城市地价的动态发展趋势也产生相应的影响。

② 城市结构能让城市的某个地方比其他地方有更大的吸引力，从而一定程度上影响级差地租，同时也对动态分布的城市地价的进一步转变产生影响。

城市土地的利用结构在宏观上决定了土地整体配置能力，体现在结构效率和宏观区位不仅从规控角度决定了土地的增值可能性和增值幅度，同时也确定了不同区位土地效用的大小。

以规划为背景来进行城市建设，在这个过程中土地的质量分布会随着形成不同功能区而处在动态的发展变化之中，这就使地价的动态分布产生了相应的演变。

城市的布局有着多样的形式，这也就导致地价的分布形式和发展趋势也有着多样性。比如环形布局一般都会形成地价的单中心模式，但组团式的布局形式便会造成地价的多中心模式。

4. 城市交通规划对地价的影响

城市交通规划决定了城市路网结构和功能，影响着地价等级结构的延伸趋势。

城市道路的作用不只是交通，还有服务、商业、休闲、社会等活动，它以改善城市土地通达性的方式来使周边土地的质量和地价沿着道路到两侧不断降低。道路功能和类型的不同也在一定程度上影响着其自身的可达性及通行强弱程度，从而也对地价等级和土地质量的发展趋势产生影响。例如，城市的主干道通常跟城区的居住地、公共活动区、工业区等有联系，具有车流、人流、货流量大的特点，这一区域也有着较高的土地价值和地价等级。次干道虽然有的也与主干道相联系，但次干道的地位和作用次于主干道，它旁边的土地质量和地价的等级也相对较低。在进行土地规划时，按照功能区各自的分布和特点，建立由主次干道结合而成的城市内部结构交通骨架，它们的主要作用就是覆盖城市土地。所以路网的功能和结构对城市的土地通达性等级结构产生影响，导致城市中各级别土地都有着向外延伸的势头。

5. 用地性质变化对土地市场的影响

用地性质的变化会导致土地价值的改变。这种变化反映在相同投资水平和供需水平的情况下，由于使用同一宗地而导致的收入水平的变化。其中，最典型的例子是土地价值由农用地转为建设用地。从租金角度来看，这种增值就是将超过原有农业地租的地租进行资本化。这种增值的特征之一是增值的瞬时性，即土地在使用变化的瞬间增值。目前对于用地性质带来的地价变化尚无可靠的衡量方法。但在土地使用期有限的条件下，这种增值存在原则性的公式，即式（5-1）。

$$\text{土地增值总收益}=\text{土地用途变更后剩余年期的价格}-\text{原用途土地剩余年期的价格} \tag{5-1}$$

6. 容积率对地价的影响

在进行土地的详细控制性规划时，要详细规定其经济指标及土地开发的关键行为，通常包括建筑性质、地界线、空地率、容积率、出入口、停车场、管线接口等。对于上述这些指标，容积率从微观上来说是城市规划对于地价产生影响的一个非常显著的因素，它的波动也是可以使地价发生变化的。通常来说，容积率增加会导致土地价格的增加，但是因为土地供需、城市规划、基础设施水平等的影响，导致容积率和地价之间会有一个比较复杂的反向规律。对于不同的城市、不同的地域或者一个城区的不同区块，有时会显现出容积率增加但地价减少的负向相关关系。

1）收益机制作用下地价随容积率的变化规律

容积率是土地价格的一个重要的影响因素，它是指容积率变化会引起土地利用收益的大幅度变化，它的实现方式是以单位建筑面积来分摊地价的变化。如果商品房保持售价和建造成本不变，则容积率指标增加即意味着在同一土地上开发可获得更多的建筑面积，而单方分摊的地价减少，从而通过降低总成本和提高土地开发总收益获得更多的经济盈余，土地价格上涨。相反，容积率降低，土地开发收益减小，土地价格下降。在这种情形下，地价与容积率的变化比率是一致的。一般来说，多层的住宅开发项目更适用于这种容积率—地价变化规律。

2）收益机制与供需关系共同影响下的地价与容积率变化规律

根据需要，分三方面讨论容积率对土地价格的作用程度：不同规模的城市；同一城市的不同位置；同一城市不同用地类型。

容积率对土地价格的影响程度与城市规模呈正相关。城市的规模越大，容积率的影响程度越大，土地价格随容积率的变化幅度越大。反之，小城市的容积率对土地价格的影响程度很小。

在同一个城市不同的地理区域容积率影响地价的程度也会有着很大的不同。在城市的中心区域，因各方面的条件都较优越，所以土地的利用集约程度、土地需求量、土地利用收益、规划控制程度、土地稀缺程度等方面都比其他地区（尤其是城市周边地区）要高。在其他地区，随着土地利用收益、土地需求和稀缺性的降低，容积率的影响程度随之降低，因而容积率对同一城市地价的影响表现为由内向外逐渐减弱。

不同类型用地容积率对地价影响程度不同。商业地价对区位条件最敏感，商业用房只能沿着少数具有区位条件优势的地段布局。土地稀缺程度、供需矛盾比住宅、工业用地更为突出。许多用地者的竞争导致了以地价的形式出现的容积率的增加。住宅用地的敏感程度不如商业用地，但比工业用地强，很多情况下工业用地没有容积率限制。因此，在同一城市中，商业用地容积率对地价影响最大，其次是住宅的，最次是工业的。

铁路土地综合开发价值的市场法评价研究

如果各种数据充足，市场法是最有效的铁路土地综合开发价值评估方法。

6.1 市场法概述

关于市场法，需要了解其基本概念与理论基础。

6.1.1 多种名称

作为一种成熟的资产评估方法，市场法有多种不同的名称。

1. 市场法的多种中文名称

市场法也可以称为市场价格比较法、现行市场法。

2. 市场法的多种英语名称

市场法对应的英语是 market approach。

在英语中，各种资产评估方法中的“方法”所对应的英语词汇通常是“approach”。在 Google 网站检索，即使输入的词汇是“asset appraisal method”，检索出来的第一个网页也是“appraisal approach”。

因此，资产评估中的评估方法的英语对应词汇是 appraisal approach。

不过，相对权威的英语百科网站——Wikipedia 网站却没有“market approach”这一词汇，取而代之的是“sales comparison approach”（销售比较法）。实际上，这才是市场法在英语中最常用的名称。

在英语中，市场法还有 1 个英语词汇是 market comparison approach。

因此，市场法的英语对应词汇至少有 3 个，分别是：market approach、sales comparison approach 和 market comparison approach。

6.1.2 基本含义

虽然市场法有多种名称，但其基本含义却是一致的，是将估价对象与在估价时点近期发生过交易的类似房地产进行比较，对这些类似房地产的已知成交价格作适当的修正，以此推算估价对象的客观合理价格或价值的方法。市场法的本质是以房地产的市场交易价格为导向求取估价对象的价值。

市场法的基础是经济学领域的替代原理，适用于当事人的实际经济行为。它是基于近期市场交易价格，采用如果存在相似的房地产交易案例就能使用的理论，因此在土地交易市场情况较好的区域，这一方法的实用性更强，计算方法简便，并且得到了普遍的应用。采用这一方法，也必须根据交易条件、交易日期、个体因素、区域因素等，对可比实例的价格进行修正。这便需要地价评估人员有更多的经验和更高水平的理论基础。另外，对于历史建筑、高校等一些特殊的房地产，由于可以比较的交易实例很少，因此这种方法的应用受到了限制。

6.1.3 理论基础

市场法采用商品交易中的替代原理来对房地产价格进行评估。从经济学角度来说，其理论能够具体解释为：当某物品价格上升时，购买者期望于让另外的物品替代此物品，以最低的价格来取得满足感。这样来看，购买者和企业决策者在某种投入品的价格上升时的做法一致。如果某一投入品价格上升，企业就采用价格较低的投入品来代替。在进行完这类替代之后，企业就可以较低的成本加工出预定的产量。并且当购买者用低廉的物品进行替代时，他们就能用更小的成本来满足既定需求。在图 6.1 中，当某种商品（X）在购买者收入保持不变时物价有所变化（以上涨为例），购买者会在以下两方面受到影响：其一，购买者本身的需求程度会改变；其二，购买者也许会对预计消费的原本商品组合进行改变，购买价格较低的商品，来代替价格较高的商品。在图 6.1 中，因为 X 价格增加，为保证自身需求程度不变，购买者会更倾向于购买 Y，因为其价格相对便宜，这样替代效应就可以发挥其作用，以（Y_2-Y_1）单位 Y 替代了（X_1-X_2）单位 X。这样，通过市场供需关系和竞争的影响，效用相同或相近的商品间发生相互替代效应，从而使市场上相同或相近的商品间具有相似的价格或一致的价比关系。

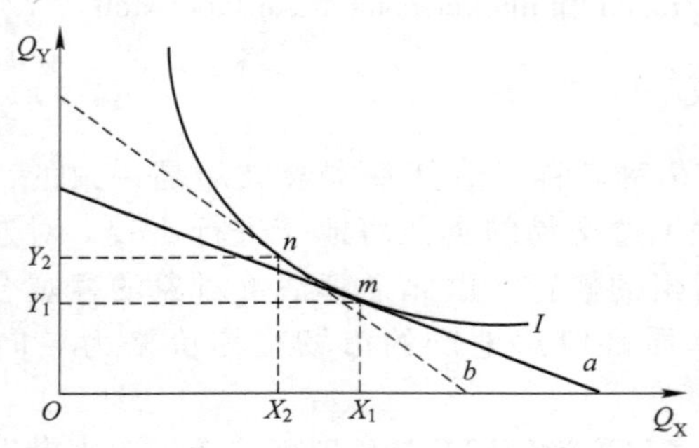

图 6.1　替代理论作用图

图 6.1 中：Q_X，Q_Y——两种可以相互替代的消费品价格；

I——无差异曲线；

a，b——消费可能线；

m，n——a，b 两线分别与 I 的切点；

X_1，X_2——m，n 两点分别在横轴上的对应值；

Y_2，Y_1——m，n 两点分别在纵轴上的对应值。

同样，替代理论在房地产行业也是适用的，其具体体现是相近条件、相同效用的房地产之间，它们的价格也是相互代替、相互影响，最终走向一致的。所以待估价的房地产也能够以跟它相似的及已经产生交易行为的房地产实例来进行估算，即可利用与待估价房地产具有替代关系的案例价格为参考，进而推测和判断待估项目的市场价值。当然，考虑到房地产市场的不完整性，以及房地产本身固有的异质性特点，在市场上也不会有完全一样的两个房地产项目，因此，必须对类似项目进行修正，以便能与待估项目具有最大的相似性，即可以此确定本待估项目的价值。

6.2　市场法评估原理

基于替代理论可以解释市场法评估的原理。

6.2.1 市场法基本原理

因为市场法是以商品的替代原则为其理论依据的，所以根据一般的商品价值关系，在同一市场中，应该有两种市场行为的存在：一是具有相同使用价值和性质效用的商品应该具有相同的价格，即完全替代原则；二是在两个以上具有替代关系的商品同时存在时，商品的价格是经过它们之间的相互竞争后产生的，即具有替代关系的商品，其价格会相互影响，并趋于一致。具体到房地产商品来说，当市场上有效用类似的多个房地产同时存在时，它们的价格就会相互牵引、相互接近。

市场法原理示意图如图 6.2 所示。

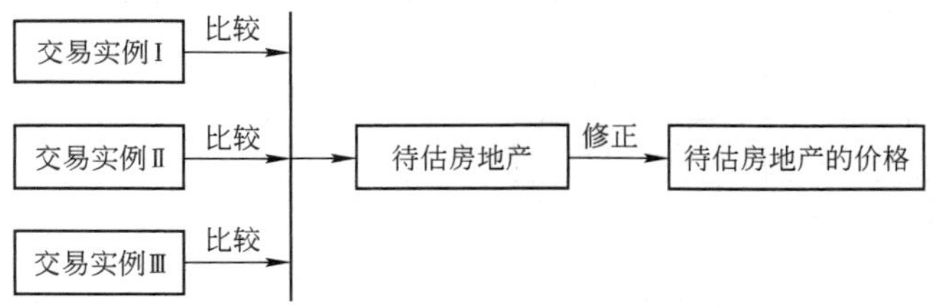

图 6.2　市场法原理示意图

市场法进行评估的关键是在地产市场中找到类似房地产的实例。类似房地产是指在建筑结构、用途、所在区域等方面与待估房地产相近。也就是说，待估项目提供的服务、效用可以由类似房地产代替。但类似房地产与待估房地产之间只能具备一般可比性。这是由房地产的不同性质决定的。即使两座房子有同样的构造、规模，它们也是在不同的位置上，有不同的邻里关系。所以，评估人员需要认真研究市场上已成交的房地产的特性、销售状况、环境条件等，以便从中选择具有可比性的房地产交易实例。

6.2.2 市场法评估流程

市场法评估流程如图 6.3 所示。

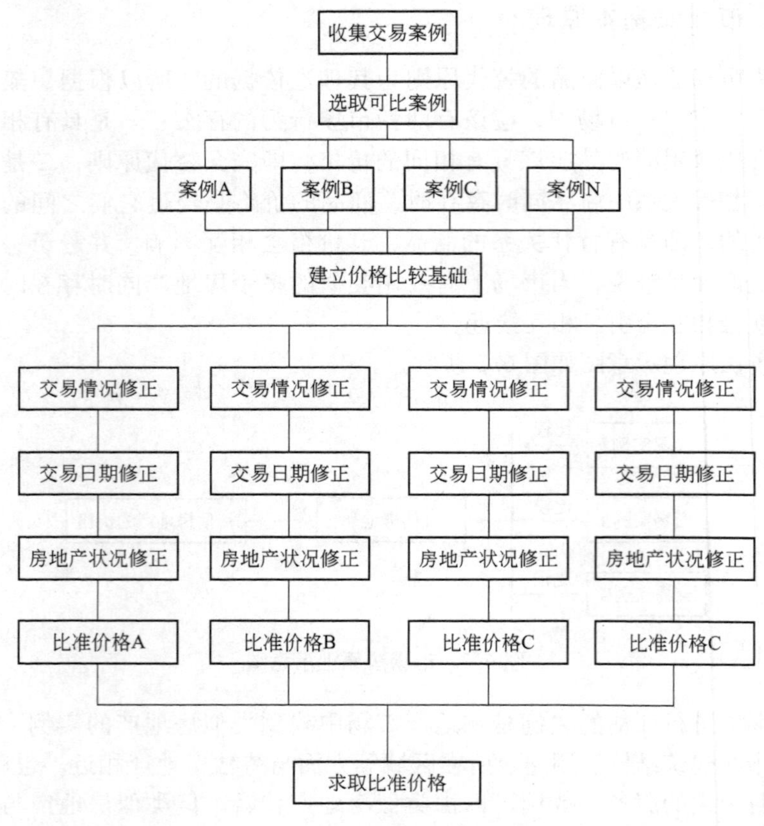

图 6.3　市场法评估流程图

6.3　市场法评估模型

市场法评估模型包括 4 个因素。

6.3.1　可比对象选择

根据市场法在房地产估价阶段的一些实际应用来看，搜集具体的交易案例是非常值得注意的一个环节，这一环节也是全部操作的基础。上面所说的搜集交易案例也就是要寻找一些跟这一房地产有关联的交易案例，之后再根据搜集到的交易案例进行详细的类比和分析，以此来提高房地产估价的可靠性。搜集交易案例需要注意两个主要方面：首先，在搜集各类交易案例时一定要全面，大范围搜集的交易案例可以在更大程度上促进更深入地使用得到的交易资料信息，从而给之后建立可比基准带来更加充分的资料；其次，需要更多地将在房地产估价时搜集到的各种交易案例进行非常深入的研究分析，选择可以用来比较的案例，即选出某些相对有价值的交易案例，这样便可以在更大程度上提高市场法的可靠性，从而将之后的可比基准等操作环节简化，这一类有价值的交易案例可以说就是可比案例。选择可比案例一定要确认其是过去已经发生的真实的交易案例，而且跟目标房地产有着很强的类似性和可比性，特别是交易内容、交易对象有着更多的吻合性，这样才可以更加准确地判断、对比和分析。

市场法是参考可比较案例价格对估价对象评估价格，然后剔除地上部分建筑物价值的一种方法。市场法有一定的基本前提：就是要有一定数量的类似项目资料。只有拿到大量真实的案例，才可以掌握实际的市场行情，才可以据此给出合理的价值参考。所以搜集到的可比案例的数量多少和质量好坏才是决定能否应用市场法的重要因素。查找案例的途径主要有：查阅政府房地产交易资料；查阅各类网络平台上的房地产相关的出售信息、出租信息和广告等资料；同行之间的相互信息分享；向当事人、经纪人、房地产登记代理人直接咨询等。在搜集信息时，应根据掌握了解的资料仔细填好相关表格，而且也要留意各等级价格中存在的各种要素，仔细应用参考估价。

收集了众多的交易案例的相关数据后，就需要选择案例进行比较。在使用市场法估价时，需要在大量的案例资料中进行筛选，选取与待估项目具有相当替代性的案例作为参照。案例比选标准如下：

① 两者要具有相同的用途；

② 两者价格类型与估价目的要相同；

③ 案例是正常的交易，或是可修正为正常交易；

④ 案例项目与待估项目的建筑结构要一致；

⑤ 案例项目的交易日期与待估项目的估价时点要尽量贴近；

⑥ 案例与待估项目应处于同一供需圈；

⑦ 案例不应少于 3 宗，一般以 3~5 宗为宜。

6.3.2　模拟调整

选取了可比案例以后，需要先对此类可比案例的成交价格进行整理，使其之间的可比性一致，再完善到待估价对象的价格单位中，给之后进行比较、修正奠定相同的基础。使价格可比的基础方法有：相同付款方式，采用相同单价，相同币种和货币单位，相同面积内涵，相同面积单位。

1. 相同付款方式

土地资产有着较大的价值，它们的成交价格通常采用分期付款的方法。同时付款期限也有所不同，在付款期限之内的付款数额分布也是不同的，从而实际的价格也是不一样的。在估价时为了比较方便，一般以成交时的一次付清价格为依据，因此，也应该将可比案例分期付款时的成交价格折算成其在成交日期一次付清的实际价格，详细的计算方式可以使用货币时间价值的折现法。

2. 采用相同单价

将估价项目价格和案例价格进行比较调整，一定要使用一样的单位价格。各个案例的价值能够使用一个适合的单位来体现，应用哪类单位进行比较，需要按照项目的性质和估价的主体来选择。在房地产领域，通常采用单位面积（建筑面积）上的价格。

3. 相同币种和货币单位

不同的币种，不仅名称不同，而且币种单位不同，币值也不相等，它们之间经常需要换算和兑换。从币种统一来看，要换算不同币种的价格，需要采用这一价格对应的日期期间的汇率。一般情况下，要应用成交日期的汇率。然而这首先应按照原币种的价格实施交易日期修正，即对于已经完成的交易价格进行日期的调整，再采用估价时点的汇率进行换算。

4. 相同面积内涵

因为在实际的房地产交易中，有的按建筑面积计价，有的根据套内面积计价，也有的根据使用面积来计价。如果计价方式不一样，也没有办法比较。因此，在将可比案例房地产和估价项目进行比较之前，须进行换算。

5. 相同面积单位

对于面积单位，我国通常采用平方米（土地面积单位除了平方米，有时还采用公顷、亩）。

6.3.3 因素修正

1. 交易情况修正

交易情况修正是指减少交易中的部分偶然因素引起的房地产价格偏差。由于房地产市场为不完全市场，所以不可能在交易时做到绝对公平、完全竞争，同时还有突发事件的影响，因此一定要对有偏差的案例实施交易调整，也就是研究、判断和比较各种案例交易情况的条件指数。做出判断要依据的是：如果房地产在进行正常交易情况下的修正指数 α 是 100%（因为待估房地产价格为市场价格，它是市场正常交易的价格，所以能做出假设 $\alpha=100\%$），假若比较案例价格比正常的价格低一些，则比较案例在交易情况下的条件指数<100%；假若比较案例的交易价格比正常的价格高一些，则比较案例在交易情况下的条件指数>100%。如果其他修正项目的情况为正常（也就是修正系数都是 1），则待估房地产的价格也能表示为式（6-1）。

$$P_a=P_b\cdot\alpha \tag{6-1}$$

式中：P_a——待估房地产价格；

P_b——案例房地产价格。

在房地产交易行为中，可影响正常交易的因素有：存在某些利害关系的交易；存在特别动机的交易；交易双方存在信息不对称；有特殊的交易方式，比如拍卖、招标、协议等；相邻房地产的合并交易等。

2. 时间差异修正

由于比较案例的交易时间和待估价对象的时间点不可能完全相同，所以它们之间有着一定的时间差。在进行差异修正时也要消除这类时间差异，使待估价对象和比较案例在交易时间上排除这类差异。在估价的实际工作中，通常使用和待估价房地产在区域、用途、类型等方面一样的房地产价格指数来体现。假设其他的修正项目正常（也就是修正系数 β 都是 1）时待估对象的价格可以表示为式（6-2）。

$$P_a=P_b\cdot\beta=\frac{\text{待估房地产估价时点价格指数}}{\text{比较案例交易时点价格指数}} \tag{6-2}$$

式中：P_a——待估房地产价格；

P_b——案例房地产价格。

3. 区域因素修正

区域因素修正就是剔除比较案例与待估对象在所处位置及服务便捷程度、交通可达、基础设施等方面的差异，因为这些因素又存在次级因子，故区域因素修正系数 γ 可以用式（6-3）和式（6-4）表示。

$$\gamma=\prod_{i=1}^{n}\frac{\gamma_{ai}}{\gamma_{bi}} \tag{6-3}$$

$$\gamma=\frac{100}{100+\sum_{i=1}^{n}\gamma_{bi}} \tag{6-4}$$

式（6-3）和式（6-4）中：

n——区域影响因素的个数；

γ_{ai}——待估房地产的区域因素；

γ_{bi}——案例房地产的区域因素。

式（6-3）表示各影响因素相乘，式（6-4）表示各影响因素相加。

在假设其他修正项目正常（修正系数 γ 为 1）的情况下，待估房地产的价格可以表示为式（6-5）。

$$P_a = P_b \cdot \gamma \tag{6-5}$$

4. 微观因素修正

微观因素主要有：建筑面积、位置、户型、容积率、使用权年限、质量、楼层、层高、朝向、平面布局、附属设施等。微观因素采用与区域因素一样的修正方法。

6.3.4 计算待估房地产价格

经过上面所说的几类因素的修正调整，也就能够得出一些交易案例的修正价格，之后再把这些案例经过具体的数学方法处理就可以得出待估对象的最终价格。待估项目的最终价格能够使用加权平均法及算数平均法［分别以式（6-6）和式（6-7）表示］得出。

$$P = \frac{\sum_{i=1}^{n} P_i}{n} \tag{6-6}$$

$$P = \sum_{i=1}^{n} (P_i \cdot w_i) \tag{6-7}$$

式中：P——综合后的待估房地产价格；

P_i——第 i 个比较案例的修正价格；

n——比较案例的个数；

w_i——第 i 个比较案例的修正价格的权重，其总和为 1，见式（6-8）。

$$\sum_{i=1}^{n} w_i = 1 \tag{6-8}$$

6.4 市场法适用性分析

虽然市场法是一种应用广泛的土地价值评价方法，但其依然有自己的适用空间，并不是在任意场合都适用。

6.4.1 市场法应用条件

1. 适用对象

市场法一般适用于那些同一类型数量多而且发生交易较多的房地产，如住宅（包括别墅、高档公寓以及普通住宅）等。尤其是存量成套住宅，因为可比性较好并且数量多，最适合使用市场法估价。商铺、写字楼、标准厂房、房地产开发用地也均能够使用市场法。

2. 市场法估价需要具备的条件

应用市场法估价的条件就是在估价时点的邻近点有较多的相似房地产交易。需要重点说明的是，如下情况一般不宜使用市场法进行估价：估价对象所在的区域有着数量较多的相似房地产交易，但因为估价师和估价机构没能尽心尽力地去寻找交易案例，导致不可以使用市场法进行估价。

6.4.2 局限性

市场法可以称得上是中国评估方法中的一个非常重要的方法，在历经了长时间的发展和实际应用之后，有更多的估价师也看出了这种方法中的一些局限性。

1. 可比案例选取的主观性偏大

项目价格形成的替代原理可以作为市场法的理论基础，所以是否可以合理地选择可比案例也在一定程度上影响到评估对象估价结果在客观上的合理性。即使《房地产估价规范》（GB/T 50291—2015）明确了选择可比案例在数量及质量上的要求，对于实际的估价，从某种程度上来讲因为房地产商品有着不同于其他商品的独一无二性，这便导致在市场上还是没有和评估对象一模一样的或者特别类似的交易案例。在实际工作中，估价师仅仅根据自身的经验来选取满足期望并且和估价对象基本相似的交易案例来做可比案例。此种单靠经验和缺少统一标准选择出来的可比案例一定会使估价结果在主观上产生一些偏差。从另一个角度来说，因为中国缺少地域性或者全国性的交易案例库，多数的估价师仅仅局限于从本身所工作的估价机构建成的交易案例库中选择可比案例。有些时候由于业务竞争存在的压力及经济利益的引导，某些估价机构或者估价师会故意编排出某些适合于委托人意愿的“可比案例”，也便使估价结果很大程度上不符合公开市场价值的意义。

2. 房地产状况中各因素修正及幅度确定过于简单主观化

合理地调整房地产状况也是市场法中的一个棘手的问题：一来房地产的使用性质不同，就会有不同的影响价格因素。例如，用于居住的房地产要安全、舒适；商业房地产则要求交通条件及便捷程度；工业房地产更注重其基础设施。在实际的估价工作中，某些估价师很容易忽略或者忘记某些重要的修正项目。二来应把交易案例和估价对象存在的差异状况表现为价格差异。在这种转换的过程中，同一种使用性质的房地产，不同影响因素的影响程度会有所不同；不同使用性质的房地产，同一影响因素的影响程度也不相同。对于这些不同程度的价格差异及影响程度等级权重的确定都有着非常多的主观性，使各个估价师得出的估价结果有很大的差别。例如，一套店面价值 500 万元，修正额度会因为估价师的不同而产生较大的差别，得出的结果也会有很大差异。甲估价师确定的修正指数为 2%，结果会有 10 万元的改变；而乙估价师确定的修正指数为 1%，则结果会有 5 万元的改变。

3. 估价房地产最终评估结果的确定方法过于简单

在应用市场法进行实例评估时，对于之后的评估结果的得出，大部分情况下应用的是中位数法、平均数法和众数法等。上述这些方法从某种意义上说均较为简单粗略，有些时候估价结果和正常情况下的市场交易价格差的较多，让人难以接受。有的房地产评估公司想要更加简化，在许多评估报告里大多是应用了较简便的平均数法，此种方法和实际情况会有较大的不同。

所以怎样合理客观地选取市场法所需的参数值，创建合理适用的估价模型，以便降低因为估价师的主观判断引起的估价结果偏差就显得非常重要并且紧急了。

铁路土地综合开发价值的成本法评价研究

成本法是土地综合开发价值评价的重要方法。

7.1 成本法概述

关于成本法，需要了解其基本概念、理论依据和估价原则。

7.1.1 基本概念

土地综合开发价值评价所使用的成本法和普通的成本法不相同，也区别于会计中的成本概念。一般意义上的成本是商品生产与销售的成本，涵盖了人力、财力、花费的金钱和垫付金钱的成本。会计中的成本是会计账目上记载的建造时发生的历史成本。在土地综合开发价值评价所使用的成本法中，成本是估价时点的成本，同时是社会平均成本，可能会高于、低于或等于某些房地产开发商在开发过程中所产生的实际成本。

成本法的英语对应词汇是 cost approach。

与市场法不同，成本法无论是中文名称，还是英语名称基本上是唯一的。

在土地综合开发价值评价中使用成本法，涉及 2 个重要概念，分别是重置价值（replacement value）和重置成本（replacement cost）。

按照 Wikipedia 网站的解释，“replacement value” 就是 “The term replacement value refers to the amount that an entity would have to pay to replace an asset at the present time, according to its current worth.”（词汇“重置价值”就是指一个实体

按照其当前价值，在当前时间更换一项资产所需支付的金额。)。

按照 Investopedia. com 网站的解释，"replacement cost" 就是 "Replacement cost is a term referring to the amount of money a business must currently spend to replace an essential asset like a real estate property, an investment security, a lien, or another item, with one of the same or higher value." ("重置成本" 是 1 个词汇，指一个企业目前必须花费的钱来替换一个重要的资产，如房地产、投资证券、留置权或其他物品，用相同或更高的价值。)。

7.1.2 理论依据

成本法的理论依据是替换原理和生产费用价值论。

从生产费用理论上说，商品的价格依靠其生产所花销的必须支付费用。房地产的价格或价值也和它所要花费的必要费用相关，估价时，大家可以用分析计算的方法求出成本源头，求得房地产价值。

这样，成本法有其理论基础，也就是生产费用价值论。这需要分两种角度和两种情况来讨论。两种角度即买方与卖方，两种情况是不得低于在开发建设时所花费的（含应得的利润）代价和不可高于预计在重新开发建设时所需的必要支出和应得利润，双方可接受的相同点是正常开发建设所需代价(其中包含必要的利润和支出)，也就是再建支出（重新购建价格）。

从成本法的定义可以得知，利用成本能够得到在评估时期评估对象的再建开支及折旧价值，而且被评估对象的价格可由二者相减得到。成本法又可以称为积算法，因为它研究了房地产的各个组成部分的价值，其本身也是由其子部分的价值累加而得。房地产价格在成本法中主要有 7 个方面，下面以商品房为例来进行说明：第一，开发土地的获取费用开支。第二，开发土地的费用开支。第三，对房地产的管理费用开支。第四，销售环节所产生的费用。第五，资金筹集过程所产生的利息。第六，缴税的开支。第七，开发所得收益。因此，房地产价值若是由成本法估算所得就应该是房地产的所有权的价值。具体来看，在中国，如果用成本法来估算拟租用的土地的价值，就表示租期内的土地利用价值，如果估算房屋价值，则表示房屋的所有权价值。

7.1.3 估价原则

成本法估价原则涉及替代原则、最高最佳使用原则、供求原则、估价时点原则四大原则，如图 7.1 所示。

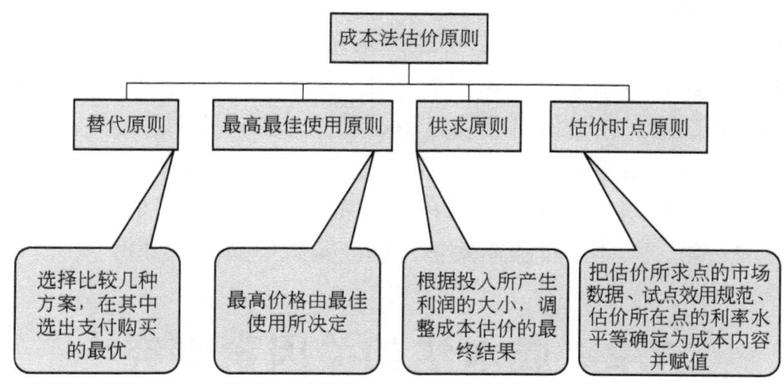

图 7.1 成本法估价原则示意图

1. 替代原则

各种成本的内容取值要和类似房地产的普通花费比准。购买者会选择性价比最好的房地产，建造者则不会用更多的钱建造同类房地产，这样，人们会选择比较几种房地产，在其中选出最合理的房地产，同理，旧房地产业是通过类似方法确定的。在进行成本法估价时，需要把类似的房地产估价所用的成本、时点作为参照，对成本构建与获得的相关市场数据进行比较确定。

2. 最高最佳使用原则

最高最佳使用原则是房地产价格的核心、关键，房地产的价格是由其用途所产生的，最高价格由最佳使用所决定，可是在生活中房地产不一定维持在最高最佳使用水平。想用好最高最佳使用原则，要使建筑物与土地及各组成部分都处于平衡状态。如果不处于平衡状态或建筑物所发挥的最大用途受到限制，都能让房地产价值降低。不过，也可以在建筑物功能损耗中找到原因并予以解决。

3. 供求原则

房地产的供给和需求直接影响到房地产价格。进行估价时，要注意市场供求关系。如果出现成本和价格不同步，房地产的价格就会增加或减少。换位思考，房地产价值的形成，是因为成本投入，而若想形成真正的价值，则市场必须要认可其产生的价值。而且市场所认可的效用又是由市场的供求来决定的，供大于求表明市场的认可度是降低的，同时降下来的还有房地产价格。所以供求原则对房地产估价有很大借鉴价值，在分析时，要运用供求原则进行估价，根据投入所产生利润的大小，调整成本法估价的最终结果。

4. 估价时点原则

虽说估价时点原则不是决定房地产估价的最终标准，但有着它的作用。它把估价所求点的市场数据、试点效用规范、估价所在点的利率水平等确定为成本内容并赋值，在估价时予以应用。

房地产估价有很多学问，既严谨又灵活，如何正确又快速估价，需要理解估价应遵循的原则，这样，可以在尺度范围内把握最终的结果。上面描述的只是冰山一角，具体估价还需要估价师在实践中揣摩、分析。

7.2 成本法相关因素研究

成本法通常要设计如下三方面因素。

7.2.1 参数研究

利用成本法时应对参数进行确定，在房地产估价中这也是一个技术环节。同时这也决定了估价工作的质量好坏及估价结果的合理性。成本法参数主要包括土地取得成本、开发成本、管理费用、投资利息、销售税费、开发利润，如图 7.2 所示。

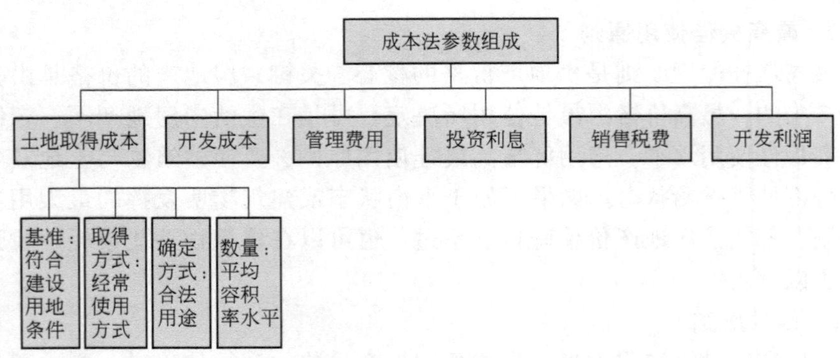

图 7.2　成本法参数组成

1. 土地取得成本

要确定土地取得成本，首先要选取与建设用地的条件相符的土地；其次要以估计对象在所在区域内大量使用方式来决定土地取得方式；再次要以建成房地产的合法用途来取得土地使用权时；最后要以估计对象在区域内的平均容积率来确定数量。

2. 开发成本

第一，形成房地产产品有不同的方式，包括发包、自建、购入等，不同方式形成的房地产产品应该以市场作为基准将其价格在同一水平进行确定。例如，对于自建的建筑物，也要假定全部费用和给承包商支付的费用是相同的。第二，由于在施工方案等方面有所不同，项目的开发成本也应该根据所在区域的地质条件来确定。第三，对于公共设施配套的设施建设费，要根据相关设计规范来判定。第四，从估计角度来说，个别项目在开发的过程中可能涉及一些税费优惠和减免，该项金额可作为获得的超额利润，对于估价参数，可以以成本构成项的形式计入。

3. 管理费用

管理费用可以说是开发成本与土地取得成本之和的一定比率。所以，可以按照用这一比率乘以开发成本与土地取得成本之和的方法来进行管理费用的估算，而在估价中，由于职工有着高额的工资福利及房地产开发机构的庞大性，对于那些高额的业务招待费用均不予考虑。

4. 投资利息

不同于会计上的财务费用，不管土地的取得成本、开发成本及管理费用是由自由资金还是借贷资金而来，都需要计算利息。不需要在成本项中扣除的还有可能的利率优惠及开发商的自有资金应得利息。

5. 销售税费

在估价时，销售税费中包含的销售税金及其他的销售税费一般是售价的一定比率，所以按照售价乘以这一比率来计算，不需考虑它的减免和税收。因此售价的不同也会导致销售费用的不同。

6. 开发利润

开发利润的确定一般要参照一定的基数以及相应的利润率，其中，基数包括土地费用和开发成本。它是房地产投资最终的财务成果，较符合可操作性以及考核口径。

7.2.2 成新度研究

成新度就是指建筑的新旧程度。

1. 房屋成新等级的评定依据

1）完好房

房屋结构完好，装修和设备完好、齐全完整，管道畅通，形状良好，使用正常，虽然某些地方轻微破损，进行简单修复可以正常使用。

2）基本完好房

结构基本完好，少量构件有些许损坏，装修正常，没损坏，油漆有些问题。设备管道完好，可以正常使用。简单修复可正常使用。

3）一般损坏房

结构受到些许损坏，些许部件损坏，出现漏雨情况，装修部分损坏，设备、管道不通畅，部分电子元件老化、受损、缺漏，大部分需要维修甚至更换零件。

4）严重损坏房

房屋使用年限过长，结构严重破败，很难完成修复，漏雨严重，装修严重被破坏，油漆剥落，电子元件严重损坏，管道堵塞严重，需要大量修复才能正常使用。

5）危险房

建筑无法安全使用，承重结构非常危险，结构没有稳定性，无安全保障，房屋随时可坍塌。

2. 房屋成新等级判断标准

房屋装修、结构、设备等是房屋成新等级的评判标准，按照房屋的完损情况等方面可分为 4 类。

1）完好房

完好房的成新度包括 3 个级别：10 成新、9 成新、8 成新。

2）基本完好房

基本完好房的成新度包括 2 个级别：7 成新、6 成新。

3）一般损坏房

一般损坏房的成新度包括 2 个级别：5 成新、4 成新。

4）严重损坏房及危险房

严重损坏房及危险房的成新度包括 4 个级别：3 成新、2 成新、1 成新、0 成新。

3. 房屋结构、装修、设备等三个组成部分的各个项目

1）房屋结构的各个项目

房屋结构的各个项目包括 5 部分：地基基础、承重构件、非承重墙、屋面、楼地板面。

2）装修的各个项目

装修的各个项目包括 5 个部分：门窗、内抹灰、外抹灰、顶棚、细木装修。

3）房屋设备的各个项目

房屋设备的各个项目包括 3 个部分：水卫、暖气、电照。

7.2.3 折旧研究

1. 折旧的含义

建筑物自开发完成投入使用后，受到多方面因素的限制，建筑的实体受到损伤，功能效用降低，这样，它的使用效用受到削弱。房屋的折旧表现为实物折旧、效用折旧、经济折旧3部分：实物折旧是房屋破损所产生的损失；效用折旧是人们所使用的技术落后、无法满足现代发展生产等原因，导致房屋的效用不足而造成的损失；经济折旧是发生许多想象不到的事情而产生的损耗，比如经济政策的改变等。实物折旧是能看得见的折旧，也是比较好得出原因的一种折旧方式；虽然效用折旧也是能看出来的损耗，却不能直接运用实物折旧的计算方法。所以说，成本法中计算折旧的部分是很难的，这不能不说是成本法的一种魅力，这样对估价者的要求也就更高。

2. 土地综合开发价值评价中折旧的实质

折旧原本是会计用词，就是固定资产分摊到产品成本中，用专业的话说，就是把不变资产的价值补回来。

用成本法对年代久远的房屋进行计算，一定会牵涉到房屋折旧计算，目的是求得真实的价格缩减，强调的是房屋的损耗，这是成本法服务房地产估价的最终目的。也可以把折旧看成减价修正价格，所以说土地综合开发价值评价和会计折旧都有“折旧”这个词，但所代表的意义是不同的。前者的最终想法是把建筑新获得的价值从中扣除，经过各种减价修正来得出建筑的现值，最终得到老房的真实市场价值。

3. 折旧年限

在求取建筑物折旧时，通常使用直线折旧法，这会涉及建筑物的耐用年限。建筑物耐用年限分为自然与经济两类。自然耐用年限为建筑物从建筑完成，到由于使用产生的消耗使建筑终至报废的年限。经济耐用年限是从建筑建造完成，到使用收获与使用资本抵消所僵持的时间。

在求取建筑折旧时，通常选择的是经济耐用年限。经济耐用年限是已经使用的年限和尚可使用年限的加和，在这里“已使用年限”比较好判定，但“尚可使用年限”很难判定，需要估价师亲自估价，并在现场进行考察、观测，要依据建筑的使用状况采取相应的保护措施，其中维护、保养、使用状况、地基稳定性等影响着建筑的使用。有时考虑建筑的耐用年限，还要考虑土地使用年限对建筑使用年限的影响。所以，估计耐用年限是为建筑量身定做的，不一样的建筑耐用年限有着不同的定义，受到建筑自己特性的牵制，这些因素有建筑物的磨损、建筑所处的外界环境、市场状况、国家及其经济政策、法律约束等。这些因素的变化直接影响建筑物的使用，影响建筑物的耐久年限，就像两座相同的大楼，它们所处的环境、国家不同，耐久年限就不会相同，尚可使用年限也会出现不同结果。

4. 折旧因素

折旧因素包括实物与效用折旧，也包括经济折旧。不过，建筑的实物折旧、效用折旧和经济折旧难以量化出来，需要估价师以自己的经验来分析判断，集思广益，争取更多人的意见，单凭自己或集体的判定，具有一定局限性。估价中经常会出现这种情况：在同一估价时点，对同一估价对象，不同估价师得出的结果是有差异的，建筑折旧也各不相同。

5. 折旧余值

在估价时，建筑物重新构建价格与所求得的累计折旧额之间的差额是建筑物的实际价值，建筑物的实际价值一定要和其估价时点的实际价值统一。现实中经常会出现这种情况：一些土地综合开发项目的评估最终结果说明其折旧余值已所剩无几，反之，也有一些土地综合开发项目的估价结果却依然还有很大价值。

7.3 成本法主要研究方法

成本法主要研究方法包括直线法与重置法。成本法主要研究方法如图 7.3 所示。

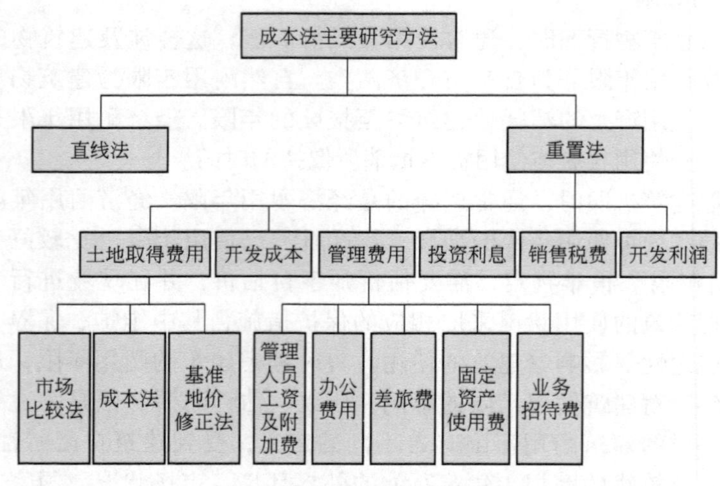

图 7.3　成本法主要研究方法

7.3.1 直线法

直线法是最简单也是最普遍的方法，即假设建筑物在耐用年限范围内的损耗是均匀的，每年的折旧额相等，这种方法也称为定额法。使用直线法得到的建筑物累计折旧额随建筑物年数同比例增长，函数图像为直线。

在一定时间内，固定资产的计提折旧额也有所不同，其主要影响因素如下：原值、预计使用的年限、报废时可能取得的残值收入及需要支付的清理费用。其中，固定资产的残值收入包括其最终留下的零部件以及残料等的收入。固定资产的清理费用指的是在报废清理时发生的费用。固定资产的净残值则是固定资产的残值收入减去清理费用所得。通常为了便于计算在一定时间内固定资产的损耗程度，折旧额会根据年折旧率来计算。年折旧额的计算见式（7-1）。

$$D=(C-R)/N=C(1-r)/N \tag{7-1}$$

式中：D——每期折旧额；

C——原值；

R——残值；

r——残值率；

N——使用年限。

年折旧率的计算见式（7-2）。

$$d=(1-r)/N \tag{7-2}$$

式中：d——每期折旧率；

r——残值率；

N——使用年限。

如果是按月提取折旧，则月折旧额是年折旧额的1/12。

7.3.2 重置法

重置法一般用于两种情况：一种是估价对象为工业房地产并且其市场的可接受度较小；另一种是房地产的附加值较低且房地合一。对于同一宗房地产，不管是重建价格还是重置价格，都要对土地和建筑物分别进行估算。在加总时，为了防止漏算和重算，要特别注意划分和衔接成本构成单位。单独评估土地上的附属设施则不再进行说明。

1. 土地取得费用

土地取得费用在这里指的是土地价格，可以采用如成本法、市场法以及基准地价修正法等方法进行评估。详细可以参见土地评估的一些方法。

2. 开发成本

开发成本包括项目在开发建设过程中产生的所有费用。房地产开发项目主要包括城市基础设施配套费、建筑工程费用（含地基处理、主体工程、一般水电安装等）、安装工程费用（含设备的购置——电梯、强电、弱电、供暖、制冷、供气等、安装、调试）、室外附属工程的建设（含室外供水、排水、供电、煤气、绿化、道路、围墙等）及专业费用。

3. 管理费用

管理费用一般按照建筑费用来确定，通常不超过其1%~3%，具体多少依据开发项目的开发周期以及项目规模来决定。管理费用一般由管理人员工资及附加费、差旅费、办公费用、固定资产使用费、业务招待费等组成。

参照国家计委、建设部《经济适用住房价格管理办法》，管理费用为征地及拆迁安置补助费、勘察设计及前期工程费、住宅建筑及设备安装费、小区基础设施和非经营性公用配套设施建设费之和的1%~3%。

4. 投资利息

自有资金有一定的时间价值，但在投资利息中无法体现出来。除此之外，开发过程所占比例不同，投资利息会出现不同情况。投资利息是包含土地取得价格在内的所有成本的利息。利息的计息额是全部开发过程的投入资本。计息期需要根据开发周期、时间及资金的投入情况来决定，而利率则要参照银行的同期贷款利率并以复利形式计算。

5. 销售税费

2016年5月1日起，我国全面实施“营改增”（营业税改为增值税）。“营改增”对比见表7-1。

表7-1 “营改增”对比

序号	区别	营业税	增值税
1	税种不同	价内税	价外税
2	征收范围不同	全额计征	差额计征（销项-进项）
3	税率不同	5%	不同行业不同（房地产业11%）

备注：应税服务年销售额小于500万元（不含税销售额），是小规模纳税人，适用3%的增值税率。

销售费用是指开发项目在销售产品过程中发生的各项费用及专设销售机构或委托销售代理的各项费用，主要包括：广告宣传及市场推广费，为销售收入的2%~3%；销售代理费，为销售收入的1.5%~2%；其他销售费用，为销售收入的 0.5%~1%。以上 3 项合计，销售费用占到销售收入的 4%~6%。

销售税金及附加主要包括增值税、城市维护建设税、教育费附加、地方附加。

2016 年 3 月 23 日，财政部、国家税务总局联合发布《财政部国家税务总局关于全面推开营业税改征增值税试点的通知》（财税〔2016〕36 号），在附加 2——《营业税改征增值税试点有关事项的规定》中，对房地产开发的销售税金及附加进行了详细的规定。

第 1 种情况：一般纳税人销售其 2016 年 4 月 30 日前取得（不含自建）的不动产，可以选择适用简易计税方法，以取得的全部价款和价外费用减去该项不动产购置原价或者取得不动产时的作价后的余额为销售额，按照 5%的征收率计算应纳税额。纳税人应按照上述计税方法在不动产所在地预缴税款后，向机构所在地主管税务机关进行纳税申报。

第 2 种情况：一般纳税人销售其 2016 年 4 月 30 日前自建的不动产，可以选择适用简易计税方法，以取得的全部价款和价外费用为销售额，按照 5%的征收率计算应纳税额。纳税人应按照上述计税方法在不动产所在地预缴税款后，向机构所在地主管税务机关进行纳税申报。

第 3 种情况：一般纳税人销售其 2016 年 5 月 1 日后取得（不含自建）的不动产，应适用一般计税方法，以取得的全部价款和价外费用为销售额计算应纳税额。纳税人应以取得的全部价款和价外费用减去该项不动产购置原价或者取得不动产时的作价后的余额，按照 5%的预征率在不动产所在地预缴税款后，向机构所在地主管税务机关进行纳税申报。

第 4 种情况：一般纳税人销售其 2016 年 5 月 1 日后自建的不动产，应适用一般计税方法，以取得的全部价款和价外费用为销售额计算应纳税额。纳税人应以取得的全部价款和价外费用，按照 5%的预征率在不动产所在地预缴税款后，向机构所在地主管税务机关进行纳税申报。

第 5 种情况：小规模纳税人销售其取得（不含自建）的不动产（不含个体工商户销售购买的住房和其他个人销售不动产），应以取得的全部价款和价外费用减去该项不动产购置原价或者取得不动产时的作价后的余额为销售额，按照 5%的征收率计算应纳税额。纳税人应按照上述计税方法在不动产所在地预缴税款后，向机构所在地主管税务机关进行纳税申报。

第 6 种情况：小规模纳税人销售其自建的不动产，应以取得的全部价款和价外费用为销售额，按照 5%的征收率计算应纳税额。纳税人应按照上述计税方法在不动产所在地预缴税款后，向机构所在地主管税务机关进行纳税申报。

第 7 种情况：房地产开发企业中的一般纳税人，销售自行开发的房地产老项目，可以选择适用简易计税方法按照5%的征收率计税。

第8种情况：房地产开发企业中的小规模纳税人，销售自行开发的房地产项目，按照5%的征收率计税。

第9种情况：房地产开发企业采取预收款方式销售所开发的房地产项目，在收到预收款时按照3%的预征率预缴增值税。

附加税包括城建税（7%，5%，1%）、教育费附加3%、地方附加2%，其基数就是增值税。

6. 开发利润

开发利润主要指的是投资房地产开发项目的开发商在投资过程中应该取得的一些资金的报酬及对于补偿可能承担的风险。对于房地产开发项目来说，开发利润一般不超过成本的30%，且不低于其10%。一般要考虑具体项目的风险类型，并依据所在区域近几年同种类型的平均水平来确定（注：房地产的类型不同，其投资风险和投资利润也会不同）。

7.4 成本法适用条件分析

7.4.1 适用范围

作为广泛应用的一种估价方法，一切房地产项目，包括已经开发的项目、能够重新开发建设的项目或打算建造新房地的项目，都可以使用成本法进行估价。使用成本法评估价格就是成本加平均利润。事实上，这种计算方法只有在市场供求平衡时出现，而市场的供求平衡只是瞬间出现。对于房地产这种不可以大量复制的特殊商品，市场永远处于供求不平衡的情况。特别是，如果市场供大于求，房地产的现实市场价格必然低于成本法评估价格。因此，成本法不能很好反映市场因素的作用结果，成本法有它自己的适用范围和适用条件。

成本法一般适用于没有收益同时也无交易的房地产评估，像住宅、学校、图书馆、医院、政府办公楼、军队营房、公园等公用设施、公益性房地产还有特殊工业厂房、油库、发电站、码头、油田等因为有特殊的服务群体所以进行特殊设计的房地产。

成本法特别适合应用到市场不完善和市场法不能进行估价的房地产，如加油站、陵园。

成本法还经常用于对一些特殊方法得到的结果进行检验和修正。例如，在市场法中，实际项目没有许多设备，而估价对象中有估价的设备，这就需要估价师进行修正，这样，修正设备时花费的成本就是评估需要的修正成本。再如，利用收益法估算商业房地产的抵押价时，如果利用成本法评估出的价格远低于收益法评估的价格，则估价人员需慎重考虑该抵押价值的准确程度。

成本法适用于房产与地产合一的估价，也适用于单个建筑物或者建筑物部分估价。因为在房地产的保险赔偿中一般都是部分损毁，所以一定要使其恢复到初始设置、布置或者完全重置。通常采用成本法来估算局部损毁的赔偿价值。除此之外，成本法还用于法庭在解决房地产征税过程中产生的权益纠纷。

7.4.2 注意事项

成本的大小不能反映出房地产的价值，收益的大小才是房地产价值的关键。所以，只有在要让房地产成本和其价值产生直接联系时才能采用成本法。在运用成本法时，要分清实际成本以及客观成本，进行估价时要使用客观成本或社会成本，不能选择个别成本。只有结合市场供求关系才能对房地产价值做出最正确的判断。供不应求时，市场价值可能高于成本；供过于求时，市场价值或许会低于成本。

运用成本法时，可以翻阅一些资料来确定土地取得费用以及开发成本。而管理费用跟物业管理基金可以依据土地取得费用以及成本现值的一定比例来确定。银行贷款利率可作为贷款利息的依据。成本法中，笔者认为较难确定的是如下两方面内容：开发利润率的选择和投资利息的计算。

1. 开发利润率的选择

选择开发利润率需遵循以下 3 个原则。

1）房地产在新建时，要运用本行业的利润率

评估房地产开发商建立的项目，要看有没有可以对照的利润率。若有，可以直接按其调整即可；若没有，则可对开发商考察过本项目之前的信誉状况及平均利润率进行综合分析并适当调整来确定。

2）若是自建房地产，利润率的确定还要考虑其位置

对于那些位于城市中心的房地产项目，如果该位置有已经开发过的房地产项目，并且与待评估项目较为相似，则可以将此房地产项目的利润率作为依据；如果所在位置没有已开发过的类似房地产项目，可以通过机会成本来计算，也就是考虑在建造本房地产项目的整个过程中可能损失的利益。而那些在农村或者比较偏离城市的项目，其位置的确定方法及其应用参考前文所说的自建房地产来进行。

3）旧有房地产参考自建房地产

旧有房地产也需要将所在位置作为依据，其选用方法根据前文所说的自建房地产来进行。

2. 投资利息的计算

投资利息的计算首先要考虑贷款所产生的相关利息，这也是由于房地产项目往往要投资很大数额的资金，其中一部分是自有资金，而另一部分则是贷款资金。自有资金不会产生明确数量的利息，但是要考虑其机会成本，可以将其看作没有收获的存款利息；而贷款资金所产生的利息则一定要计入。总的来说，投资利息由两个方面组成，一个是来自自有资金的机会成本，另一个则是来自贷款资金的贷款利息。

7.4.3 局限性

在运用成本法进行估价时，必须认识到：一方面，实际上房地产的价格不一定会随着其成本的增加而增加。同理，也不会因为成本减少而降低。因此利用成本法估价，其结果不一定能真实地反映估价对象的价值。另一方面，对于那些老的、旧的房地产，在估算其重新构建价格及折旧时，通常需要估价人员根据现场查勘的记录进行主观判断，因此从这个层面上来说，成本法不太适应于评估那些剩余使用寿命较短的旧的房地产。

① 有些因素用成本法难以考虑。建筑物的地理位置以及市场上的供求关系等因素可能在重新构建房地产成本时很难全面地考虑进去。例如，建筑本身成本基本相同的两个房产项目，如果位于截然不同的两个地理位置，由于其直接影响着所有者的交通医疗等生活水平，所以其销售起步价就会有很大差异。实际生活中，位于郊区的即使是全新的房子依然比不上位于市区的一般商品房。因此，在构建成本时需要将这些因素考虑进去，否则结果只能是不准确的。

② 重建成本不能完全体现各类外部因素的影响。经济影响与非经济影响会带来两种完全相反的外部经济影响，所以这又是一个必须考虑外部因素影响的原因。比如，供求关系不平衡时，房地产价格会有很大波动。

③ 年限法和成新折旧等都是可以用来衡量房地产成本的方法。它们都是通过计算减价修正额来评估的，而且这些方法在某种程度上不够准确。比如，年限法中的直线折旧，虽然计算方便但没有客观地考虑建筑物实际的价值转移规律，使计算过程不够灵活并且结果也不够准确。而成新折旧法较年限法来说相对灵活，但也有其不合理之处。成新率的确定不够明确影响了它的准确性。总而言之，评估房地产的成本要增加使用方法的客观准确性而降低主观随意性。对于一些数据要尽量选用多种方法进行评析研究，提高最终结果的准确率。

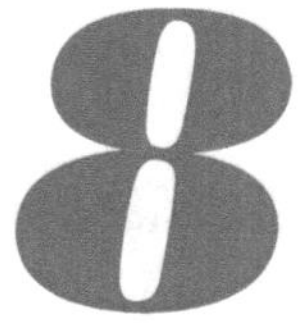

铁路土地综合开发价值的收益法评价研究

如果可以对未来收益进行有效预测，收益法是一种非常有益的铁路土地综合开发价值评价方法。

8.1 收益法概述

8.1.1 多种名称

作为一种成熟的资产评估方法，收益法也有多种不同的名称。

1. 收益法的多种中文名称

收益法还可以称为收益资本化法、收益还原法和收益现值法。

2. 收益法的多种英语名称

收益法在英语中对应的词汇是 income approach。

收益资本化法在英语中对应的词汇是 income capitalization approach。

而收益还原法和收益现值法未找到对应的英语词汇。

8.1.2 基本概念

收益法不仅可以进行土地估价，而且也是对其他有收益性质的不动产等进行估价的一种方法。除此之外，它还可以用来求取对象的试算价格，这时收益法被称为收益资本化法，具体算法为先求得土地在未来可以产生的收益，然后进行折算并加总，这时还原收益所用的是还原利率。

8.1.3 基本原理

收益法有两个基本原理。

1. 利息折算原理

这一原理的基本思路是：由于土地具有位置的固定性、面积的有限性和利用的永续性和个别性等特征，使得土地的拥有者能源源不断地从土地获得纯利益，而这笔收益与银行存款利息是等价的，简单来说一笔投资如果被用来投资土地，则要满足其能收到的收益最少为存入银行所得的利息。

2. 未来投资收益预期的收益贴现原理

这一原理的基本思路是：首先要确定该宗房地产的估价时点，一般选择现在。若此房地产可能有一定的年限收益，可以假设其在此收益年限内持续稳定有收益。收益法认为，这些收益的折现值就是该房地产的价值。

8.2 收益法模型研究

8.2.1 基本公式

利息折算原理可以用式（8-1）表示。

土地价格=土地纯收益/土地还原利率　　（8-1）

假设有一宗土地，每平方米每年可产生 1 000 元的纯收益，土地所有人对此宗土地的纯收益只要能以 5%的年资本利率还原即能满意，那么该所有人的土地收益价格应该是每平方米 20 000 元。计算方法如下：

该宗土地价格=土地年纯收益/土地还原率=1 000/5%=20 000（元）

再假设该所有人另有 20 000 元货币以年利率 5%存入银行，此人每年得到的利息（货币纯收益）与上述 1 平方米土地的收益是等额的。因此，对该土地所有人来讲，1 平方米土地与 20 000 元货币，其资本价值相等。

未来投资收益预期的贴现原理可以用式（8-2）表示。

$$P=A/r[1-(1+r)^{-n}] \tag{8-2}$$

式中：P——土地价格；

A——未来每年预期收益；

r——收益率；

n——收益年份。

依据这两个原理所形成的基本公式在表面上看有区别，但其中有一条必然的联系，即年限。由于土地具有永恒性，其使用年限可以是无限年，即 $n\rightarrow\infty$，则式（8-2）就变成式（8-1）。

这就是说，式（8-1）适用于土地使用年限为无限年的情况，而式（8-2）适用于土地使用年限为有限年的情况。

8.2.2 改进模型设计

收益法不仅适用于土地价值评价，或者是房地产开发项目的评估，而是适用于所有能够产生未来预期收益项目的评估。

在西方国家，由于资本市场比较发达，其绝大部分巨型企业均为股份有限公司。股份有限公司的股票是可以在资本市场自由买卖的，购买了这些公司的股票，就可以在年终获得其分红，这就使股份有限公司的股票与本书所研究的土地具有相同的特点，即都可以产生未来的预期收益。买卖股份公司股票是西方国家中产阶级理财的基本途径之一，这就需要对其购买价格进行研究，所以股票价格的研究成为西方收益法研究的重要内容。针对这些在资本市场上市的股份有限公司股票价格在未来预期收益的研究非常充分。

根据股份有限公司未来预期收益的不同情况，评估其股票价格的收益法也就产生了不同的评估模型，这些模型具有不同的假设条件。针对股票价格的收益法评估模型包括股息折现模型、股权现金流折现模型、公司现金流折现模型、经济利润折现模型，如图 8.1 所示。

虽然这些收益法评估模型主要是针对股票价格进行的，但完全可以转移到对土地价格的评估中。

1. 股息折现模型

股息折现模型见式（8-3）。

$$
\begin{aligned}
V_0 &= \frac{D_1}{1+r} + \frac{D_2}{(1+r)^2} + \frac{D_3}{(1+r)^3} + \cdots + \frac{D_i}{(1+r)^i} \\
&= \sum_{t=1}^{\infty} \frac{D_t}{(1+r)^t}
\end{aligned}
\tag{8-3}
$$

式中：V_0——股票价格；

D_i——第 i 年的股息；

r——折现率。

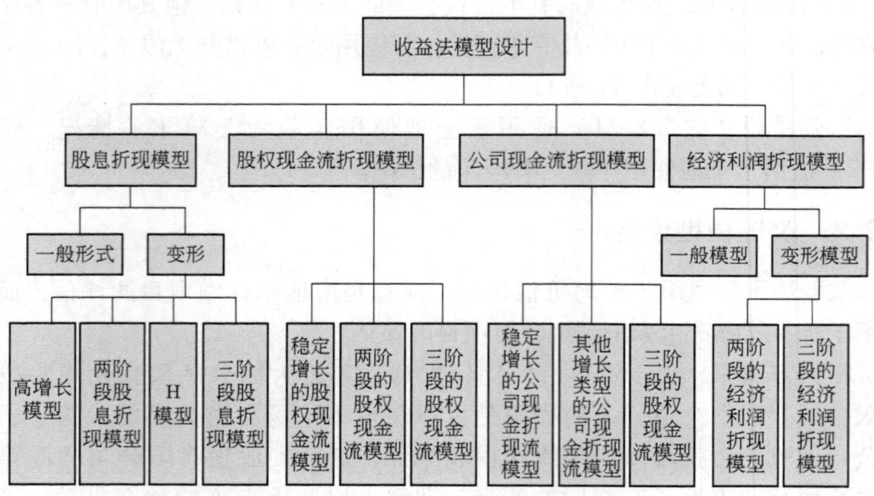

图 8.1　收益法 4 种模型示意图

2. 股权现金流折现模型

股权现金流折现模型又分为 3 种不同情况。

1）稳定增长的股权现金流模型

稳定增长的股权现金流模型有 2 个基本假设：永续增长，增长率不变。

稳定增长的股权现金流模型见式（8-4）。

$$
\begin{aligned}
V_0 &= \frac{D_1}{1+r}+\frac{D_2}{(1+r)^2}+\frac{D_3}{(1+r)^3}+\cdots+\frac{D_i}{(1+r)^i} \\
&= \frac{D_1}{1+r}+\frac{D_1(1+g)}{(1+r)^2}+\frac{D_1(1+g)^2}{(1+r)^3}+\cdots+\frac{D_1(1+g)^{i-1}}{(1+r)^i} \\
&= \frac{D_1}{r-g} \qquad (8-4)
\end{aligned}
$$

式中：D_i——第 i 年的股息；

g——股息的年均增长率。

2）两阶段的股权现金流模型

这里的两阶段分别是预测期与后续期。无论是哪一个阶段，都是有限的。

两阶段的现金流股权模型见式（8-5），在式（8-5）中，前一部分是预测期收益折现值，后一部分是后续期收益折现值。

$$V_0 = \sum_{t=1}^{i} \frac{D_t}{(1+r)^t} + \frac{D_{i+1}}{(r-g)(1+r)^i}$$

$$= \frac{D_0 \times (1+g_i)}{r-g_i} \times \left[1 - \left(\frac{1+g_i}{1+r}\right)^i\right] + \frac{D_0 \times (1+g_i)^i \times (1+g)}{(r-g)(1+r)^i} \tag{8-5}$$

3）三阶段的股权现金流模型

这里的三阶段分别是高增长阶段、转换阶段和稳定增长阶段，无论是哪一个阶段，都是有限的。

三阶段的股权现金流模型适合预测高科技企业的股价，这种企业在发展之初，如果掌握了某项核心技术，就会呈现高速增长态势，随着技术先进性的丧失，该企业或者破产，或者转换为正常企业，不再高速增长。

三阶段的股权现金流模型见式（8-6）。

$$V_0 = \underbrace{\sum_{t=1}^{i} \frac{D_0 \times (1+g)^t}{(1+r)^t}}_{\text{高增长阶段}} + \underbrace{\sum_{t=i+1}^{i} \frac{D_t}{(1+r)^t}}_{\text{转换阶段}} + \underbrace{\frac{D_h \times (1+g)}{(r-g)(1+r)^i}}_{\text{稳定增长阶段}} \tag{8-6}$$

式（8-6）中，D 表示股息，g 表示股息的年均增长率，r 表示折现率。

3. 公司现金流折现模型

公司现金流折现模型又分为 3 种情况。其中第三种也是三阶段模型，其模式与股权现金流折现模型的三阶段模型相同，这里就不再赘述。下面只介绍其余 2 种模型。

1）稳定增长的公司现金流折现模型

稳定增长的公司现金流折现模型见式（8-7）。

$$V_0 = \frac{D_1}{W-g} \tag{8-7}$$

式中：W——加权平均资本成本。

2）其他增长类型的公司现金流折现模型

其他增长类型的公司现金流折现模型见式（8-8）。

$$V_0 = \sum_{t=1}^{i} \frac{D_t}{(1+W)^t} + \frac{D_i + 1}{(W-g)(1+W)^i} \tag{8-8}$$

4. 经济利润折现模型

经济利润折现模型也分成 3 种类型，第一种是一般模型，后两种属于变形模型，后两种变形模型与股权现金流折现模型的后两种类型在模型上完全相同，这里就不再赘述，只介绍一般模型。

经济利润折现模型的一般模型为：

企业整体价值=起初投入资本+经济利润的现值

8.3 收益法指标测算

收益法指标测算涉及3个主要指标，分别是收益、收益期和折现率。

8.3.1 收益测算

对于土地综合开发项目来说，开发业主在一个项目里能够自由支配的收益是纯收益。只有在一定时间内在房地产市场进行交易的正常价格才可以叫作房地产估价。所以，将来各年的土地综合项目如果要计算纯收益，需要扣除那些只有发挥出作用才能产生的收益，如资金、管理等，还要扣除其中业主不可自由支配的那部分，如税收等。

此外，此处的土地综合开发项目的纯收益不是某一种土地综合开发项目的实际收益，而是减去了一些由于特殊情况或者偶然原因而产生的收益。它是一种客观的纯收益。

土地综合开发项目纯收益的计算，一般要考虑在全部经营过程中产生的收益，但是需要将管理、维修、保险等需要的成本费用扣除掉。

对于土地综合开发项目，如果要预测其收益，可以采用一定的预测模型，一些模型可以用来通过已知年份的数值来预测未来的数据。典型的方法有时间序列平滑预测法、回归分析预测法等。

8.3.2 收益期测算

收益期是指预计在正常市场和运营状况下估价对象未来可获取净收益的时间。

如果建筑物剩余经济寿命与土地使用权剩余期限同时结束，以其共同的期限作为收益期限。

如果建筑物剩余经济寿命早于土地使用权剩余期限结束，房地产价值等于以建筑物剩余经济寿命为收益期计算的价值，加上自收益期结束时起计算的剩余期限建设用地使用权在价值时点的价值。自收益期结束时起计算的剩余期限建设用地使用权在价值时点的价值=自价值时点起计算的剩余期限建设用地使用权在价值时点的价值-以收益期为使用期限的建设用地使用权在价值时点的价值。

如果建筑物剩余经济寿命晚于土地使用权剩余期限结束，则按如下两种情况分别处理。

第一种情况，出让合同约定建设用地使用权期间届满需要无偿收回建设用地使用权时，建筑物也无偿收回。房地产的价值等于以建设用地使用权剩余期限为收益期计算的价值。

第二种情况，出让合同约定建设用地使用权期间届满需要无偿收回建设用地使用权时，根据收回时建筑物的残余价值给予土地使用者相应补偿。

房地产的价值等于以建设用地使用权剩余期限为收益期计算的价值，加上建筑物在收益期结束时的价值折算到价值时点的价值。评估承租人权益价值时，收益期为剩余租赁期限。

利用预知未来若干年后价格的公式求取价值时，对于收益期较长、难以预测该期限内各年净收益的情况，应估计持有期。持有期根据市场上投资者对同类房地产的典型持有时间，以及能够预测期间收益的一般期限来确定，一般为5~10年。

8.3.3 折现率测算

1. 选择折现率的基本原则

第一，折现率要保证高于机会成本。正常情况下，要确保资本及产权市场每一个投资项目的回报率都不能低于其机会成本。在实际评估时，通常会被当成其他可能投资的机会成本的是国库券及银行储蓄利率，也可以说是无风险投资报酬率，所以在对项目的价值进行评估时，也要保证其折现率大于国库券和银行储蓄利率。

第二，在确定折现率时，平均收益率是一个比较有价值的参考指标，因为行业的结构特征直接影响竞争的强弱及其他企业的可能盈利空间，从而影响着整个行业的收益率，而收益情况又带有着鲜明的行业特征。

第三，贴现率不可当成折现率，它们有其各自的定义。折现率是一种期望的投资报酬率，一般来说是根据特定评估对象的风险而得到的。而贴现率是两个金额的比率，一些票据可能还没有到期而被预先兑现，所以会被扣掉一些金额。这些金额除以期票金额就是所说的贴现率。它们两个有着本质的区别。

2. 折现率的确定方法

1）风险累加法

一个企业在经营过程中会有各类风险出现，而一个投资项目也不例外，同样面临如经营、财务、行业、通货膨胀等各种各样的风险。项目的投资回报率在风险评估时是有一定的要求的，将这些进行量化并累加便可得到项目评估折现率，用式（8-9）表示。

$$折现率=安全利率+风险报酬率+通货膨胀率 \quad (8-9)$$

式中：安全利率一般指国债利率，也可指银行利率。

式（8-9）中风险报酬率的计算公式为：

$$风险报酬率=行业风险报酬率+经营风险报酬率+财务风险报酬率+其他风险报酬率 \quad (8-10)$$

在目前的企业价值评估中，企业经常用累加法来选定折现率。但是，如上所述，要将保证风险的各类回报率进行量化，需要运用经验判断法。这种方法需要评估人员拥有丰富的经验及大量的数据资料才能保证结果的科学性。

2）系数法

引起资产风险的因素不同，但主要有两种：一种是非系统风险，是由企业的某种具体行为而引起的，若要将其消除，一般采用分散投资的方法；另一种是系统风险，是由市场行为而引起的，它的发生会对资产的价格产生影响。

系数法用公式表示为：

$$R_r=(R_m-R_g)\times\beta \quad (8-11)$$

式中：R_r——被评估企业所在行业的风险报酬率；

R_m——社会平均收益率；

R_g——无风险报酬率；

β——被评估企业所在行业的平均风险系数。

综上所述，解决问题的重要一步是确定β，通常运用的方法是根据企业所在行业以及社会平均风险来确定。虽然有一些基本的概念，但系数法在中国的应用仍然不成熟，系数的确定也有一定问题，所以实际意义不大。

3）加权平均成本法

所谓加权平均成本法是指以某种筹资方式所筹措的资本占资本总额的比重为权重，对各种筹资方式获得的个别资本的成本进行加权平均所得到的资本成本，也称全部资本成本或综合资本成本。以加权平均成本作为折现率估计值的方法即加权平均成本法，用式（8-12）表示。

$$企业评估折现率=长期负债占投资成本比重\times长期负债折现率成本+所有者权益占投资比重\times净资产投资要求回报率 \quad (8-12)$$

其中，净资产投资要求回报率的计算见式（8-13）。

$$净资产投资要求回报率=无风险报酬率+风险报酬率 \quad (8-13)$$

国际上，在投资项目时也同样把资金成本当作“最低收益率”。有些企业是新建或新改组的，有些企业的资产负债较为合理，这时采用加权平均成本法确定折现率是较适当的选择，对于土地综合开发项目，这也是比较合适的方法。

8.4　收益法适用性分析

8.4.1　适用条件

1. 理论结构的约束——基本约束

这是指收益法理论本身得以成立的假设和约束条件。收益法理论建立在复利和收益贴现理论的基础上，因此基本约束是指理论的约束条件，即采用了一个基本的不证自明的假设：占用一定数额和一定期限的资金要按照净占用的数额和期限支付利息。复利是指能够持续不变地获取利率。远期折现与近期折现都具有相同的经济学形式。共同假设是假设资本化率和净收益已知。必须指出的是，共同假设是从理论到实际解决问题的一个逻辑步骤，并不是数学模型成立的约束条件。

2. 数学模型的约束

一般来说，收益法的数学模型需要满足 3 个基本假设条件：

① 每年纯收益稳定不变；

② 资本化率>0；

③ 收益年限明确。

这 3 个假设条件是收益法数学模型成立的基本条件。如果这 3 个假设条件不能够同时得到满足，则此模型不能成立，或没有现实的应用条件。

3. 数学模型的应用边界约束

将数学模型应用于不同资产时，由于资产的属性不同及与此相关的不同资产收益性质不同，就会出现数学模型的应用边界约束。这种约束实质是指问题和对象相关性的客观依据。

能够产生收益的资产多种多样，不同类别的资产本身具有不同的属性，人们对不同收益能力也有不同认识。例如，房地产资产与企业整体资产、机器资产或无形资产便是不同资产，具有不同收益性质。贷款的利率是事先确定的，而且有可以调整和不可以调整的利率；待评估资产的利率是事先不确定的，而且是可变的收益率；短生命周期资产的年限是事先确定的或可以预测的，而且是可以不变的收益率；长生命周期资产的年限是事先不确定的或不可以预测的，而且是可变的收益率。这些都是评估数学模型的应用边界约束。

8.4.2 局限性

收益法虽然是土地估价的最主要方法之一，但仍有其使用的不足之处，如图 8.2 所示。

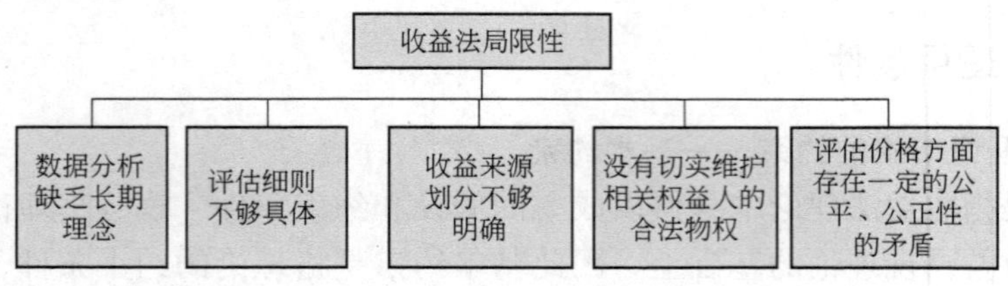

图 8.2 收益法局限性示意图

1. 数据分析缺乏长期理念

各行业的发展速度越来越快，所以每一个时间点的数据情况可能变化较大。在预估房地产将来的净收益时，必须考虑整个行业的长期的发展趋势，再结合企业的实际情况来预估才会更加准确。如若直接套用公式则会在一定程度上忽略因发展状况而带来的差异。

2. 评估细则不够具体

预估净收益，也要结合房地产公司原有及未来的动产和不动产，尤其是潜在收益。而就数据本身来说所呈现的不单单是整体信息，其中有各项收入的数据来源，所以要想清楚地说明问题，必须保证每一项数据都有详细的具体说明。

3. 收益来源划分不够明确

一个房地产项目的运营不仅仅是单一的买卖活动，还会引来一些其他相关商家的加入，他们的投资也会影响收益。但是房地产项目在计算净收益时，若将这些投资带来的收益也计入，则其价值会被额外抬高。

4. 没有切实维护相关权益人的合法物权

通常情况下，即使土地使用期已截止，土地上的建筑、附属物等物品依然属于原所有人，原所有人可以是持有土地产权的人，也可以是租赁人。

5. 评估价格方面存在一定的公平、公正性的矛盾

在房地产价值方面，收益法已经有了一定的展现。房地产价格要包含两个层面的内容，一个是现在的市场价格，还有就是将来的市场价值。具体来说就是买方可能在卖方那里得到未来房地产的收益。然而，关于这种未来的预期收益，买卖双方未必能公平地达成一致。如果买方强势，就可能刻意压低预期收益，反之，就可能刻意夸大预期收益。

铁路土地综合开发价值的剩余法评价研究

剩余法是对于土地价格评估非常有用的一种方法。

9.1　剩余法概述

9.1.1　多种名称

（1）剩余法的多种中文名称

剩余法也称为假设开发法。

（2）剩余法的多种英语名称

剩余法在英语中对应词汇是 residual method、residual income method、residual income approach、residual income valuation（RIV）、residual income model（RIM）、hypothetical development method。

9.1.2　在评估体系中的地位

与前述 3 种评估方法的英语对应词汇有很大不同，剩余法的“方法”的英语对应词汇主要是“method”，而不是通常的“approach”，这也隐含着剩余法在房地产评估体系中的地位。

房地产评估在英语中对应的词汇是：real estate appraisal、real estate valuation。此外，房地产评估还有 1 个英语近义词——valuation of development property。

按照相对权威的英语百科网站——Wikipedia 网站关于 real estate appraisal 的解释，主要的评估方法只有 3 种，分别是：the sales comparison approach（市场法）、the cost approach（成本法）、the income approach（收益法）。

美国资产评估标准——Uniform Standards of Professional Appraisal Practice（USPAP）的最新版，关于房地产评估的主要方法的规定，也是这 3 种。

这表明，剩余法在房地产评估体系中的地位低于前 3 种方法，连英语关于方法的用词都不一样。

不过，剩余法对于土地评估具有特别重要的意义，因此，本书将其与市场法、成本法和收益法并列为 4 种常规方法之一。

9.1.3 基本概念

剩余法一般的解释是：土地的价格，要从其可以获得的收益来判断，一般从发展过程来分析它的用途，比如开发、利用、建房等环节。获得土地需要的价钱，不包含不动产总价里的成本费用及社会平均预期收益。也就是说这个价格就是土地和建筑物的出售价格与建筑物本身价格的差值。所以，此方法是用价值余额对土地价格进行估算的一种方法。具体来说就是在正常的开发完成之后，用不动产的交易价格减去建筑物在建造过程中所需要的费用及与之相关的利息、利润、税收等而得到的余额。

剩余法在估价方面普遍使用，也被认为是一种较科学的方法。下面将用一个具体事例来说明这个方法的理论依据和基本思想。

假设有一个土地开发商打算以一定的价格来获得一块能够让他开发利用的土地。当然，开发商并不打算使用这片土地，他只是想要赚取利润。他心里明白自己也面临着竞争，可能有很多人有和他相同的想法。基于这种背景，他不敢设想能够在这次投资中获取多么大的利润。但是作为一次想要成功的投资，他也想要获取其他人在一次土地开发的过程中所期望的平均值，如若不能达到期望的水平，他更希望投资到别处。简单来说，他所希望的就是这次开发可以得到在同一层次上的平均利润就行。在得到这块土地之前，他需要充分对其具体情况（包括土地状况及外界环境）进行充分了解，土地状况包括面积、形状等，而外界条件则有周围环境、位置及一些限制条件等。了解了具体情况之后才能以最小的成本来尽可能地开发这片土地。之后再按照当下房地产行业的市场来估计建成后的价值及各种费用，最终得到这片土地的开发利润。综合以上的考虑，开发商会更加清楚地了解到他可能要支付多少价格。具体来说，这个价格的最高值为在开发完成之后的不动产价格减去开发成本及相关的利息、利润等之后得到的余额。然而，土地等不动产的开发过程相对来说比较复杂，整个周期也比较长，所以预测其项目的价值需要考虑一些资金的时间价值，这样也能更清晰地确定土地价格，这个过程也可以用现金流量的折现方法来作为参照。

根据收益法以外的方法，如市场法或成本估价法，先求得土地使用权或建筑任何一方的价格，再据此价格求得归属于土地使用权或建筑物的收益，然后从房地产总收益中扣除归属于建筑物的收益部分，求得属于土地使用权的纯收益，最后将此残余的纯收益进行资本还原，即可求得土地使用权的收益价格。

9.1.4　理论依据

在理论依据方面，剩余法和地租原理是很相似的，前者主要是对单次的剩余价格进行计算，后者是对每年的剩余租金进行计算。

英国学者威廉·配第在其《赋税论》中曾经做过如下的描述：劳动者的劳动价值中去掉基本生活物资的价值就得到了土地的租金，从本质上来说，地租就是剩余劳动价值。

法国学者杜尔哥曾经出版过有关形成及分配财富的专著《关于财富的形成和分配的考察》，他的观点是：农业生产的过程中，劳动者在劳动后之所以还能获得一定的剩余价值，源于自然生产力，这部分剩余价值确保了劳动者的劳动可以满足其生活的基本需求。他把这部分剩余价值归结于大自然的恩赐。这种恩赐需要劳动者以劳动的形式向土地获取，但是最后的剩余价值会以地租的形式到土地所有人的手里。

根据上面的分析，所谓的地租就是从劳动产品的价值中扣除劳动者的生活必需品价值后所剩余的价值，可以用式（9-1）对其进行表述：

地租=劳动产品价格-生产成本-人工成本-(利润+利息+税收)（9-1）

综上所述，可以按照以下的描述来对剩余法进行概括：开发商打算购置一块土地用来建设房屋，在同样的市场环境下可以得到一定利润（高于行业平均利润）的前提下，开发商所能接受的地价最高值，可以用式（9-2）进行描述：

地价=不动产售价-开发成本-(建筑成本+管理费用+利息+税费)-利润（9-2）

根据上面的公式可以得知，从计算的具体过程来讲，地租原理和剩余法不存在太大差异，只是进行了不动产售价和产品售价的互换而已。

9.2 剩余法模型研究

剩余法既有理论模型，也有应用模型。

9.2.1 理论模型

根据剩余法的含义和理论依据，剩余法评估房地产价值的理论模型可以用式（9-3）来描述：

房地产价值=开发完成后房地产价值-开发成本-管理费用-投资利息-销售费用-销售税费-投资利润-投资者购买待开发房地产应负担的税费 （9-3）

1. 开发完成后的房地产价值

开发完成后的房地产价值是指开发完成时房地产状况的市场价值。

2. 开发成本

开发成本包括如下5项成本。

1）土地使用权取得费

土地使用权取得费是开发经营者依法获得土地使用权时所交付的相关费用，具体包括土地使用权出让金、转让税费、征地拆迁和安置补偿费等4项费用。

2）前期工程费

前期工程费为规划、设计、项目可行性研究、水文地质勘察、测绘、环境评估等专业费，以及临时水、电、路、场地平整费等支出。

3）建筑、安装工程费

建筑、安装工程费包括房屋主体部分的土建（含桩基）工程、水电安装工程、装修工程等建设发生的费用。

4）基础设施建设费

基础设施建设费是指经规划部门批准建设的住宅小区用地规划红线以内的道路、供水、供电、供气、通信、照明、园林、绿化、环卫、排污、排洪等工程发生的费用。

5）公共配套设施建设费

公共配套设施建设费是指为居住小区服务的公共设施和生活服务设施的建设费用，包括教育、医疗卫生、文化体育、商业服务、金融邮电、社区服务、行政管理、市政公用设施。

3. 管理费用

管理费用指开发商为组织和管理房地产开发经济活动，以及为房地产开发提供各种服务而发生的费用，主要包括管理人员工资及附加费、办公费用、差旅费、固定资产使用费、业务招待费等。

4. 投资利息

投资利息是开发项目全部预付资本的融资成本。全部预付资本包括地价款、开发成本或建筑费、专业费、管理费和不可预见费，但不包括销售费用和销售税费。

5. 销售费用

销售费用是指房地产开发后的销售、出租费用。销售费用主要包括市场推广费、销售代理费和销售手续费。

6. 销售税费

销售税费是开发建设过程中及完成后，包括销售和出租后缴纳的销售税金及附加，以及交易手续费等。销售税金及附加主要包括营业税、城市维护建设税、教育费附加等。

7. 投资利润

房地产开发方面的投资利润一般来说是开发商在一个项目上可得到的资金报酬及可能承担的风险的补偿。

8. 投资者购买待开发房地产应负担的税费

这一部分是指购买待开发房地产的过程中，发生交易的时候买方应该支付的有关税费，如契税、交易手续费等。

9.2.2　应用模型

剩余法在使用时有不同的情况，在对其模型进行细分时可依照房地产的估价对象及之后的经营方式来进行，如图 9.1 所示。

1. 按估价对象划分

房地产行业有不同的影响因素，在待开发投资前为估价对象的状况，即土地状况有生地、毛地以及熟地等；当投资开发完成之后，有熟地以及包含土地的房屋等。下面将不同情况进行总结。

1）估价对象为生地，在生地上进行房屋建设

此时按照式（9-4）进行计算：

生地价值=开发完成后房地产价值-由生地建成房屋的开发成本-管理费用-投资利息-销售费用-销售税费-开发利润-买方购买生地应负担的税费　　(9-4)

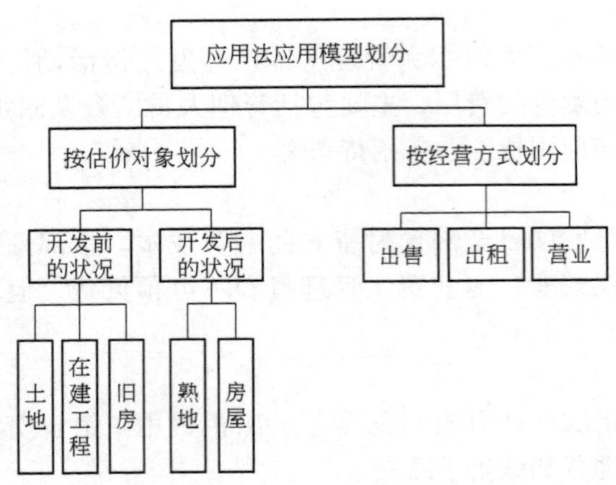

图 9.1　剩余法应用模型示意图

2）估价对象为生地，将生地开发成熟地

此时按照式（9-5）进行计算：

生地价值=开发完成后熟地价值-由生地开发成熟地的开发成本-管理费用-投资利息-销售费用-销售税费-土地开发利润-买方购买生地应负担的税费　　(9-5)

3）估价对象为毛地，在毛地上进行房屋建设

此时按照式（9-6）进行计算：

毛地价值=开发完成后的房地产价值-由毛地建成房屋的开发成本-管理费用-投资利息-销售费用-销售税费-开发利润-买方购买毛地应负担的税费　　(9-6)

其中，毛地为待拆迁房地产时，按式（9-7）计算待拆迁房地产价值：

待拆迁房地产价值=待拆迁房地产预期开发价值-再开发投资成本-管理费用-投资利息-销售费用-销售税费-再开发投资利润-买方购买待拆迁房地产应负担的税费　　(9-7)

4）估价对象为毛地，将毛地开发成熟地

此时按照式（9-8）进行计算：

毛地价值=开发完成后的熟地价值-由毛地开发成熟地的开发成本-管理费用-投资利息-销售费用-摊销销售税费-土地开发利润-买方购买毛地应负担的税费　　(9-8)

其中，由毛地开发成熟地的开发成本，必须根据买卖双方协议清楚指明是否包含拆迁费用或拆迁安置费用。

5）估价对象为熟地，在熟地上进行房屋建设

本处所说的熟地一般指可以直接建设的土地，即其已经建立了市政设施，且地面整洁。此时按照式（9-9）进行计算：

熟地价值=开发完成后的房地产价值-由熟地建成房屋的开发成本-管理费用-投资利息-销售费用-销售税费-开发利润-买方购买熟地应负担的税费 （9-9）

6）估价对象为在建工程，将在建工程续建成房屋

在建工程一般有两种情况：一种是在房地产进行估价时，还没有完工的建筑工程项目；另一种是已经完工，但是还没有交付使用的建筑工程项目。此时按照式（9-10）进行计算：

在建工程价值=续建完成后的价值-在建工程取得税费-续建成本-管理费用-销售费用-投资利息-销售税费-续建利润 （9-10）

7）将旧房作为估价对象，并将其重新装修为新房

按照估价对象的不同情况，运用剩余法可将其表示为式（9-11）：

旧房价值=装饰装修改造或改变用途后的价值-取得旧房的税费-装饰装修改造或改变用途的成本-管理费用-销售费用-投资利息-销售税费-装饰装修改造利润 （9-11）

2. 按经营方式划分

房地产项目的经营方式多种多样，尤其是在投资开发完成之后，其主要方式有出售（包括预售、建成后出售）、出租（包括预租，但比较少见，多为建成后出租）和营业（如商店、旅馆、餐馆、游乐场）等。基于经营的不同方式，可用剩余法如下：

1）适用于出售的情况

此时按照式（9-12）进行计算：

$$V=V_p-C \tag{9-12}$$

式中：V——待开发房地产的价值；

V_p——用市场法或长期趋势法测算的开发完成后的房地产价值；

C——应扣除项目的价值。

2）适用于出租并营业的情况

此时按照式（9-13）进行计算：

$$V=V_r-C \tag{9-13}$$

式中：V_r——用收益法测算的开发完成后的房地产价值。

9.3 剩余法应用程序

剩余法的应用程序包括操作步骤和参数确定这2个关键环节。

9.3.1 操作步骤

运用剩余法估价一般按下列六个步骤进行，如图9.2所示。

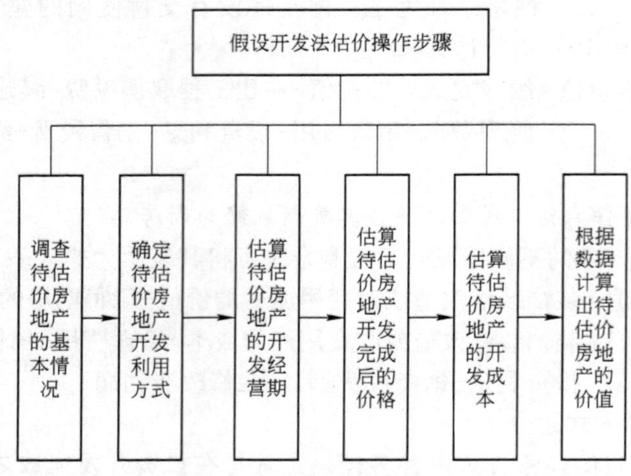

图9.2 剩余法的操作步骤

1. 调查待估价房地产的实际情况

这一步需要实际调查的方面一般为房地产所在区域、当前状况及开发完成后在规划过程中会有的限制因素等。其中所在区域也就是位置，即待估价房地产所在城市以及区域的具体情况、交通状况以及周围环境等；当前状况就是土地使用者、使用年限、使用价值、地形、面积及其他基础设施条件等；规划限制包括区域总体规划、详细规划、规划用途、建筑性质、建筑容积率、建筑覆盖率、绿化比率、建筑高度等。

2. 确定待估价房地产开发利用方式

要确定待估价房地产的开发利用方式，需要进行一定的规划，同时要满足其所在城市的允许条件，即在这个允许条件下找到最好的方式。除此之外，还要确定其用途。如果要使其用途达到最佳，则要综合分析其所在区域的适应性及此用途在未来可能的发展趋势，也可以说是所在区域的市场是否接受此种用途或者市场的需求是什么。

3. 估算待估价房地产的开发经营期

这里所说的开发经营期，是先将起始点假设成获取待开发房地产的时间，终点就是预估的经营完成的时间。基于此假设，开发经营期可分为开发期和经营期。

开发期可称为开发建设期、建设期，其起点与开发经营期的起点相同，终点是预计待开发房地产开发完成（竣工）的日期。依照将房屋建造在土地上的实际情况，开发期可细化为两个时期，即前期和建造期。前期指的是以土地开发为起点到开工的这一阶段，建造期则是从开工一直到竣工的这一阶段。

依照每个房地产项目不同的经营方式，可以将经营期详细划分，如图 9.3 和图 9.4 所示。

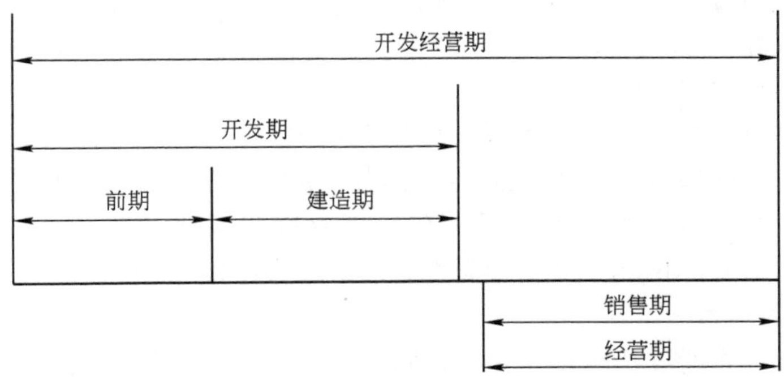

图 9.3　销售（含预售）情况下的开发经营期

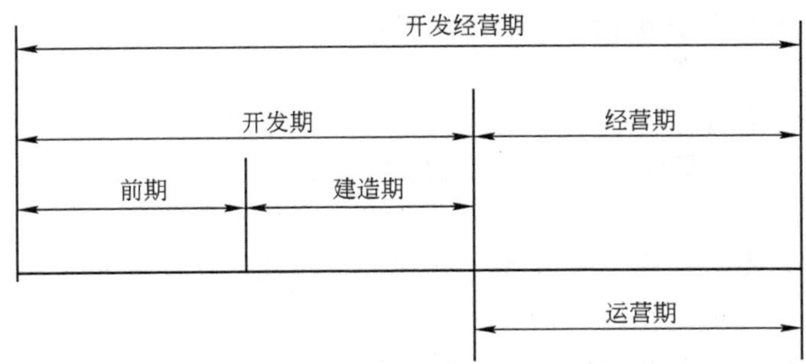

图 9.4　出租或营业、自用情况下的开发经营期

未来开发完成后的房地产的经营使用方式，主要有销售（包括预售，下

同)、出租、营业、自用。因此，经营期可以具体化为销售期（针对销售这种情况）和运营期（针对出租、营业、自用这些情况）。对于开发经营期的确定，需要充分了解一些成本及费用所发生的具体金额以及时间，并以此预估在后期开发完成时房地产的价值和一些其他收入支出等。

4. 估算待估价房地产开发完成后的价格

对于房地产价值的估算，应该有确定的日期背景。一般情况下日期选择为开发完成的时间，而不能选择购买时或开发过程中的哪个时间，除非因特殊原因打算预售、延期或租售。出租、出售等方式在评估房地产时被认为是最有效的开发利用方式。依照待估房价地产与当地市场的现状及可能的发展趋势，在评估房地产价格时可以综合多种方法来进行。

5. 估算待估价房地产的开发成本

待估价房地产的开发成本与多个因素有关，最主要的因素有两个：开发周期及投资进度。据此来看，要预估房地产开发成本还要考虑的一个方面是投资进度安排。

1）投资进度安排

投资进度安排指的是整个开发周期会根据建设的程序要求被分为不同的阶段，每一个阶段因为设计要求会有其各自的成本及费用计划。资金投入也会依照时间来决定，而详细的投资比例则要按照工期来划分。但通常来说，为了更加符合实际情况，投资金额不会每个阶段都相同。

2）估算成本

在估算成本时要严格遵守规定，同时也要参考一些估算成本的相关经验，对负担的税费、开发成本、管理费用、投资利息、开发利润、销售费用和销售税费等进行估算。

6. 根据数据计算出待估价房地产的价值

计算时应该注意的是要选择准确的公式，最终才能得出精确结果。估价的计算结果通常有地价、楼面地价、建筑面积单价。当进行投资评价而运用剩余法时，有一些具体的经济评价指标作为参考。

计算时的注意事项：有些需要扣除的项目是从取得估价对象到完成时需承担的所有必要的费用、税金和应得利润。因此，一些项目可以不必作为一个减去的项目，如已经投入到待开发房地产中且已经被计入价值中的费用。所以，当要评估的土地是毛地时，如果其拆迁补偿还没有完成，则要扣除所有拆迁补偿安置费；若已完成，则无须扣除。《城市房地产开发经营管理条例》第 22 条规定：“房地产开发企业转让房地产开发项目时，尚未完成拆迁补偿安置的，原拆迁补偿安置合同中有关的权利、义务随之转移给受让人。”

9.3.2 参数确定

剩余法模型中有一些典型的基本参数，这些参数影响着计算结果，所以必须保证其准确性。下面将对此进行分析。

1. 开发完成后房地产的价格

开发完成后房地产的价格根据待估宗地的有效利用方式（出租、出售等）和当地房地产市场现状及未来变化趋势，采用市场法和长期趋势法综合确定。对开发完成后拟采用出租或自营方式经营的土地或房地产价值，也可以根据同一市场状况采用收益和长期趋势法综合确定。

2. 项目开发成本

项目开发成本包括土地使用权取得费、前期工程费、建筑安装工程费、基础设施建设费、公共配套设施建设费。

3. 管理费用

管理费用是土地取得成本及开发成本之和的一定比率。所以在预估管理费用时可直接用某一确定的比率乘以上述两种成本的和。但这一特定的比率应该结合多种因素，如房地产项目本身的规模、形式及开发周期等。

4. 投资利息

投资利息的计息额为预付资本，包括地价款、开发或建筑费、管理费和不可预见费等，不包括销售费和税金，但在计算时要结合资金的投入计划，并且计息期也要依照进度安排来决定。对于平常的评估过程，能够贴现到评估基准日的是不动产在将来可能的价值及开发过程的成本，所以在运用剩余法的一些模型中不涉及利息项，如现金流量的模型公式。利息以复利的形式计算，而折现率及利息率要根据同一时间银行的贷款利率来确定。

5. 销售费用

销售费用也要确定一个比率，但要严格遵守地方的相关规定。需要注意的问题是不可潦草了事，必须明确其在整个预算所占的比例是相对合理的。通常来说，销售费用的范围应该是收入的1%~3%，所以若最终结果过高或过低，则要考虑是否违背了合理性。

销售方式不同时，费用也会有所区别。如果是自行销售，那么费用则包括销售人员的工资、手续费、市场上的各种推广费用及管理费用等；而如果是代理销售，则销售费用通常是售价的1%~3%。因为代理方式也有所不同，所以代理费用所包含的项目要依据《国家计划委员会建设部关于房地产中介服务收费的通知》（计价格〔1995〕971号）确定，房屋买卖代理收费则按成交价格的0.5%~2.5%计收。

6. 销售税费

销售税费的确定要从不同方面进行考虑，如营业税、城市维护建设税、教育费附加、印花税、卖方负担的交易手续费、土地增值税等。除此之外，一些优惠政策也不可遗漏。但是这些相关规定应符合相关部门的规定。

7. 开发利润（或投资利润）

房地产项目开发利润的计算通常按照其总价值和预付总资本的一定比例进行计算。而利润率的确定要遵循的原则是：借鉴的必须是同种市场上、通常时间相近的房地产开发项目的平均水平。根据实际情况，由于房地产开发类型有所差异，因此利润也一定有所差异。可以采用成本法中的一些计算方式，如以同一市场上相同情况的项目的平均水平乘以一定的基数。

8. 购买待开发房地产应负担的税费

投资者购买待开发房地产应负担的税费一般是购地的税费，即土地使用者取得土地时的税费，主要为契税。根据《中华人民共和国契税暂行条例》，契税计税依据为成交价的3%~5%。特别注意的一点是要考虑一些项目是否需要减去，而依照一些实际问题来说，一般要考虑项目的性质以及预估的意图等因素，例如，估价只是为了去转让并且一些税费可能已经在前期缴纳过的，则不需再用扣除。

9.4 剩余法适用性分析

9.4.1 适用条件

剩余法在运用时主要是站在开发商的角度进行考虑，在开发商的立场下研究土地或在建工程的价值，但是从理论角度仍须满足一系列条件。

① 一些项目的开发（包括土地或者房地产）会选择最有效的开发利用方式。因此，不管宏观的整体规划还是具体的详细计划，都应考虑其实用性。

② 具体的计算及价格的估计要保证：首先，必须遵循法律法规及相应的政策；其次，结合项目各个阶段的状态及社会的发展情况来准确估计。

③ 在房地产行业的全部建设期中，继续建造时大部分资本是连续或者分阶段投入的。

④ 部分比率的确定应该靠近市场上的一般水平。

9.4.2 局限性

在房地产行业，剩余法之所以被较多地运用在估价上是因为其原理容易理解、计算方法简便、数据的获取较容易。虽然有很多优点，但剩余法依然有一些问题。

1. 无法衡量不确定性带来的价值

不确定性大部分是由于环境的原因，主要因素有社会、自然、政治、经济等。根据种类的不同，不确定性可分为市场不确定性和技术不确定性。前者又称为经济不确定性，这可以说是因为市场状况的不确定而造成的，这里的不确定性可以具体说成是房地产交易价格的波动。而后者则是一种内生不确定性，也就是由人所特有的主观能动性造成的，具体来说就是房屋的所有人在将房屋出售或者租出去的时候会选择一个自己合适的日期来寻找自己认为满意的价格，而这个日期有很大的不确定性。不确定性在一些情况下会带来一定的价值，所以它也是价值的一个来源。而现在所用的方法也就是剩余法可能没有明确考虑这种不确定性，而是假定一种情况，所以在一定程度上忽略了这种不确定性。在这种情况下做出的预估可能会存在一定的不准确性。

2. 无法准确预测房地产开发完成后的价值

在运用剩余法对房地产开发后的价值进行估计时，要适当考虑市场法及长期趋势法的一些特点。当开发完成后选择采用市场法时，要有相似的项目来作参考，但是有些区域要寻找到类似的房地产可能较为困难，比如，市场的发展状况不够成熟或者房地产项目不多的区域。而且运用这种方法，需要将由于特殊情况（急售、急购等）而导致的一些实际交易根据相似的房地产价格进行修改，使其变得更接近正常水平。除了价格，有时也需要修正一些交易的日期及状况。为了保证估价的准确性，如果要对价格进行一定的修正，要综合考虑多种影响因子，也就是要对各种因素进行定量分析并量化。但又因为一些因素进行量化比较困难，如影响房地产最终价格的程度，这时则需要由专业的估价师来给出决定，也就会融入一些主观因素。

3. 搜集市场信息难度较大，参数选取缺乏客观性

在使用剩余法的过程中一个关键的步骤就是获取真实数据资料及选择适当的参数。获取资料要根据类似的房地产项目，而要找到参考价值高的资料也不太容易。因为好多信息并不都是对外开放的，所以导致了信息的不对称，也就是获取的资料可能有时间的滞后及信息的模糊。

选取合理的参数也会有一些问题存在。由于市场上的价格飘忽不定，而且在整个房地产的销售过程中需要进行一些假设，剩余法在应用时会进行相应的进度安排，但这个安排可能会缺乏一些对历史资料的深入研究，所以会没有办法了解和掌握当下的市场状况，并且要制定准确的销售进度安排来估计将来的可能受益是比较困难的。

10

铁路土地综合开发价值的实物期权法评价研究

相比于前4种方法，实物期权法是一种比较新的方法。不过，它相对于前4种传统方法有一定的优越性。

10.1 实物期权法的形成背景

10.1.1 不确定性

公司应该根据一些情况的改变来做出调整，比如对投资计划进行调整、放弃已投资项目或者购买项目的投资权。传统的投资理论（几个主要的方法有模拟法、决策树及净现值分析等）主张投资不要拖沓，尽快做出决策，否则就放弃。而另一种理论即实物期权理论则主张决策者不需要立刻决定投资与否，而是可以结合事物将来的发展趋势来决定，不然可能会错过某些机会。这里将讲述传统投资方法在不确定条件下的一些缺陷。

市场条件发展的不确定性要求决策者必须在一定情况下随时做出决策，这种情况下一些因素包括市场规模、开发成本及竞争者等情况都是未知的。这时，传统的投资决策的方法会存在一定的问题，利用这种方法得到的结果可能不会给投资者多大的参考价值，帮助他们准确地做出决策（如对于那些净现值为负的项目）。除此之外，由于一些特殊原因，决策者可能无法单单依靠工具来完成，因此他们需要在没有数量分析的情况下（经常依靠经验、感觉或粗糙的数据分析），来对重要投资做出决策。

由于目前经济环境的速度及幅度都发生了很大程度的变化，以至于更多的专业工作人员及研究者感受到在投资决策分析中这些传统的方法跟具体的工作内容有着明显的差异，因此，若仍然运用这些方法来得出结论，可能会使投资者在投资过程中出现问题或者错过一些不错的机会。例如，上面所说的有些项目的净现值可能为负（也就是在项目种子期，风险投资家就会投资一些项目，而这些项目在这时可能都还没有出现正的现金流）。除此之外，对于股票来说，某些上市公司由于其发展趋势以及机会的优势，在股票的价格上可能会比一般的公司更高一些，这种情况不可直接运用传统的方法来进行解释。

10.1.2 传统方法应对不确定性的不足

传统方法，如现金折现法，面对不确定性存在一些问题，一方面，它无法结合管理者自身的主动决策来处理一些信息的变化性及其他的不确定性等特殊情况；另一方面这些方法还有一项并不符合实际投资情况的假设，即假设当投资者做出投资决策时，就要将这个项目做到最后。但是公司在实际的市场环境中有许多类型的竞争性及不确定性，因此各种预测在一定程度上都存在差异，比如现金流。投资者可能会因时间的推移而更多地掌握一些最新的资料，而将一些信息慢慢消除，例如，通过项目的发展，一些因素会更加明确。所以，在开始时投资者要想做一个决策会有更多的顾虑，对于项目并不只是直接做出选择，例如，有些项目有多个阶段需要考虑，决策者在实施过程中可以运用推迟、扩张、收缩和放弃等多种策略。

上述所说的几种策略在项目的实施中也就相当于金融领域所说的期权合约（其中的看涨期权英文是 call option，又称认购期权，买进期权，买方期权，买权，延买期权，或“敲进”，是指期权的购买者拥有在期权合约有效期内按执行价格买进一定数量标的物的权利，也就是说，看涨期权是这样一种合约：它给合约持有者（买方）按照约定的价格从对手手中购买特定数量之特定交易标的物的权利；看跌期权英文是 put option，又称“认沽期权”“卖出期权”“敲出”，是指在将来某一天或一定时期内，按规定的价格和数量，卖出某种有价证券的权利）。上述的策略要根据市场的实际情况来确定实施情况，一般情况下若条件有利则有权实施，否则可不用实施。由于时间的推移，市场的情况也会更加确定，当情况较好时可实施扩张策略，当情况较差时可实施收缩策略。这些策略对于整个投资项目来说，既可以在一定程度上控制风险、降低成本，又把握了更多的机会来获取利润。因此，这些策略在一些方面还是有更多的利用价值。所以，投资者在实际应用它们时要考虑它们可能的用途，并将其发挥到最大限度，否则将会失去一些可能的机会。

综上所述，传统的投资决策方法有其自身的缺陷。首先其中的一些方法是预测未来的现金流量，这就要求数据的具体准确性。但是在预测时一些信息是不确定的，因此所得出的结果是由较单一的数据来完成的，可能存在一定的问题。项目管理人员一般会把用上述方法得到的结果看作是投资该有的现实，这样也就是将其直接看作是确定的，也就是有一定的假象。有些公司为了减少这些可能的误差，尝试将这种研究直接考虑到前期的预测里。实际应用时，工作者可能认为这种方法有着一定的严密性，但对于外界而言则有一些随意性。因此，这个过程可能使得项目从一个不确定性很大的预测发展成为主观性很强的预测。

这种方法的另一个缺点是在投资决策前期就将全部定下来。而在之后的整个过程中将不能对其进行修改和调整，这也说明了这种方法只是一个初期的投资计划。这就说明，在项目整个进程中，不管各种相关条件如何变化，在前期所选择的决策模型都是固定的。因此，在不断发展的工程中，模型与实际问题的不适应性会越来越大，一些实际问题已经不能随时被解决。这也是在前期制订投资计划时一些决策被认为具有战略性的原因。

10.2　实物期权法概述

对于实物期权法，同样需要先了解其基本概念和理论发展。

10.2.1　基本概念

实物期权的概念最早可追溯到古希腊博学家亚里士多德的著作中。亚里士多德讲述了这样一个故事：古希腊大哲学家泰勒斯在橄榄收获的前半年，以很少的钱及普通利率来和橄榄榨油机老板换取榨油机的使用权利。在橄榄收获季节，他考虑到种植者在这时对机器的需求量很大，所以就将这些机器以较高的利率和价格再转租给他们。这样他就会以其中的差价来得到一些利润。从这个案例中，可以看到泰勒斯花钱得到的榨油机的使用权利并不是一种责任与义务（他购买的一个租的权利，与其相对应的就是卖权，他拥有出租的权利）。在这种情况下，种植者若没有好的收获量，泰勒斯可能不会再租这些机器，这时他失去的是本来较少的投资，也就是期权的费用。

期权在当今经济市场上通常指的是将来某一时刻按一定价格买卖某种资产的权利。然而如果具体分析，则期权的含义比上面所说的含义要更加宽广和深刻。期权从一个角度来说是让购买者拥有一定的时间，让其在这一段时间内可以掌握更多的资料及信息以控制将来可能出现的风险，也就是要做出更加准确的决策。所以，期权在制订价格时，会将这段时间获得的各类信息的价值考虑进来，也就是说在期权的实际价值中包含了由于获取新的信息而增加了决策的准确性所带来的收益的增多或损失的减少。

根据标的资产不同，期权分金融期权和实物期权。布莱克和舒尔斯在研究金融期权定价理论前期就能感觉到该理论也能被用于考虑定价的其他问题。在金融期权基础上又出现了与之类似的概念，即实物期权。这时已经将期权的各种方法理论应用到市场之外的一些关于实物资产的实际工作中，最突出的进展是在资本预算投资方面。这种方法也在矿产资源的研究、开发及决策等方面具有较前沿的理论意义。因此，所谓实物期权（realoption）是指把实物资产而非金融资产当作标的资产的一类期权，在这种情况下，期权交割并不是简单的某种金融资产的买卖，更多的是之后重要的选择。在期权的范畴上，它与金融期权相对应，是广义的。

10.2.2 理论发展

自美国马萨诸塞理工大学的梅耶斯在 1977 年的实物投资行业中考虑了金融期权定价理论，实物期权迅速发展起来了。根据其发展的整体线路可以看出，对它的研究是从单个实物期权、复合实物期权、战略实物期权慢慢发展至博弈期权的。

1. 单个实物期权定价分析

单个实物期权在多种期权方面都有着一定的研究，包括等待期权、增长期权、放弃期权、转换期权等。在等待期权定价方面，麦克唐纳和西格尔 1986 年研究了收益及成本的变动都是连续且随机的情况下关于投资不可回收项目的时机问题；1995 年迪克西特和平狄克共同分析研究了投资由于特殊情况而出现的滞后问题而使企业可能需要采取的策略或者这个时间里的等待价值。就增长期权来说，1998 年海沃特和麦克劳克林研究了期权在上升的过程中如何影响由通货膨胀带来的利率波动问题。1990 年梅耶斯和马吉德分析了投资的项目若拥有放弃权时可能具有的机会价值，之后将残值也考虑到方程中去，最终形成评价放弃期权的办法。1986 年鲍德温和鲁拜克就转换期权的定价提到转换期权也是由于发展过程中的不确定性造成的，但是这种机会若在前期发生，那么就短期资产来说转换期权就显得价值更高；1994 年库拉提拉卡和特里吉奥吉斯指出生产要素转换期权衡量模式。

2. 复合实物期权定价分析

许多研究者在单个实物期权研究的前提下分析复合实物期权与它们之间的相互关系。1979 年格斯克对组合期权定价进行分析，在这种情况下特里吉奥吉斯于 1991 年提出了实物期权在交互过程中的实质，并指出实物期权集合的总价值与个别实物期权价值的总和可能不同。

3. 战略实物期权定价分析

上述两个研究给战略实物期权提供了一定的依据，随之对于这类期权的研究便开始了。罗伯特和魏茨曼于 1981 年首先提出了战略期权的概念，鲍德温于 1982 年发现企业面对不可逆转的决策时的最优投资要求必须有一个正的 NPV 溢酬来弥补获取未来投资机会的损失。迪克西特和平狄克于 1994 年研究了在产品价格存在不确定性、投资不可逆转的情况下，企业的进入和退出决策，指出由于沉淀成本或转换成本的存在，即使是价格短期内表现出很强的吸引力，但从长远看，决策却不一定是最优的。

4. 期权博弈方法

实物期权理论的另一个发展方向是期权博弈方法，即将期权理论与博弈论相结合，形成一个连续的投资项目决策分析框架。期权博弈方法是在采用期权定价理论方法的基础上，利用博弈论的思想和建模方法来进行投资决策。施密特和安库姆于 1993 年给出了在实物期权框架下针对不同市场结构、竞争反应的博弈理论框架，在博弈论的理论工具的支持下，完成实物期权分析以达到战略和竞争同时考虑的目的。迪克西特和平狄克于 1994 年在连续时间上对两家竞争的市场、永久期权和不完全信息采用期权博弈方法进行了分析，这种博弈属于抢摊博弈，其均衡是按照两个参与人作为领导者和追随者角色的序列均衡。兰布雷希特和佩罗丹于 1994 年对两家竞争市场使用美式看跌期权作为支付、每个参与人的交易费用作为执行价格，并假设看跌的起点由于抢摊博弈而逐步提高。特里吉奥吉斯于 1996 年研究了含期权方法的抢摊博弈，这个过程中的难点是必须引入包括贝叶斯-纳什均衡（Bayes-Nash equilibrium）在内的复杂分析。

10.3 实物期权法模型研究

期权的估价方法主要有布莱克-舒尔斯模型（B-S 模型）和二项期权定价模型（binomial options pricing 模型）。

10.3.1 布莱克-舒尔斯模型

由美国教授布莱克和舒尔斯在 1973 年提出的期权定价模型即布莱克-舒尔斯模型奠定了期权定价理论的基础，是期权理论的核心内容。

B-S 模型是在以下几条假设下推导而出的：

① 无风险利率 r 已知，且为一个常数，不随时间而变化。

② 标的资产为股票，其价格 S 的变化为一几何布朗运动［见式（10-1)］，或者说服从对数正态分布［见式（10-2)］。

$$\mathrm{d}S=\mu S\mathrm{d}t+\sigma S\mathrm{d}z \tag{10-1}$$

$$S=S_0\exp\left[\left(\mu-\frac{1}{2}\sigma^2\right)t+\sigma z\right] \tag{10-2}$$

其中 z 服从标准正态分布 N(0，1)，且在不同时刻 z 相互独立。

③ 标的股票不支付股利。

④ 期权为欧式期权。

⑤ 对于股票市场、期权市场和资金借贷市场来说，不存在交易费用，没有印花税。

⑥ 投资者可以自由借入或贷出资金，借入的利率与贷出的利率相等，均为无风险利率，并且投资者可以购买任意数量的标的股票。

⑦ 对卖空没有任何限制，卖空所得资金可由投资者任意使用。

若记 S 为定价目标的股票价格，X 为期权的执行价格，r 为市场无风险利率，t 是期权到期时间，σ 是标的资产价格的波动率，可得欧式买权 C 的价值用式（10-3）表示。

$$C=S\times\Phi(d_1)-X\mathrm{e}^{-rt}\Phi(d_2) \tag{10-3}$$

式（10-3）中，d_1 可以用式（10-4）求出，d_2 可以用式（10-5）求出。

$$d_1=\frac{\ln(S/X)+\left(r+\frac{1}{2}\sigma^2\right)(T-t)}{\sigma\sqrt{T-t}} \tag{10-4}$$

$$d_2=\frac{\ln(S/X)+\left(r-\frac{1}{2}\sigma^2\right)(T-t)}{\sigma\sqrt{T-t}}=d_1-\sigma\sqrt{T-t} \tag{10-5}$$

$\Phi(x)$ 是标准正态分布函数。

由买权-卖权平价公式［见式（10-6）和式（10-7)］，可推出欧式卖权的价值，见式（10-8)。

$$P=C-S+X\mathrm{e}^{-rt} \tag{10-6}$$

$$1-\Phi(d)=\Phi(-d) \tag{10-7}$$

$$P=S\times\Phi(-d_1)-Xe^{-rt}\times\Phi(-d_2) \tag{10-8}$$

10.3.2 二项期权定价模型

二项期权定价模型是在假设每期可能有的不同可能性的情况下所创建的一种现金流量或者某种价格上下波动的模型。相对于布莱克-舒尔斯模型的复杂和烦琐来说，二项期权定价模型是期权估价的一种简便易行的方法。它是由考克思、罗斯、鲁宾斯坦等学者研究和发展起来的。这种模型可以依照条件的变动来修改其使用方式，具有更好的灵活性，这也在一定程度上弥补了 B-S 模型的一些缺陷。该模型对于一个时期的资产投标有上升或下降两种可能性，而且这两种情况的概率是二次分布。这种模型也有着几种假设的条件：

① 市场是一种有效的完全竞争市场，没有交易成本，也没有税。

② 已知将来的各期无风险概率和资产价格的波动。

③ 投资者以利益为纽带，其中包含套利。

④ 风险的中性假设，也就是投资者对于风险是保持中立的。

1. 欧式期权的二项期权定价模型

欧式期权的二项期权定价模型如图 10.1 所示。

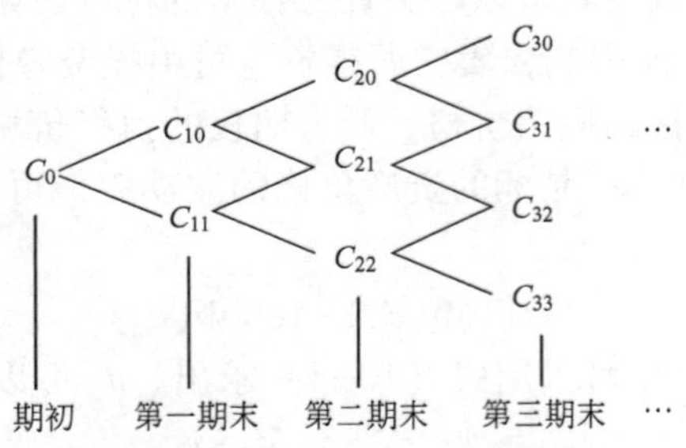

图 10.1 欧式期权的二项期权定价模型

在图 10.1 欧式期权的二项期权模型中，每一个数值称为一个节点，用 C_{it} 来表示，代表期权在第 i 期、t 状态下所具有的价值（第 i 期表示某一节点所处的时间，而状态 t 则表示风险变量在经 i 期的上升或下降中下降 t 次，上升（$i-t$）次）；每一条通往节点的线称为路径，一个节点往往是建立在所经过的路径之上的；将期权到期期限等分成若干期，所经过的期数用来表示每一期内标的资产价格上升的概率为 P，由于只有上升和下降两种可能，则价格下降的可能性为$1-P$；而 u 和 d 则分别表示标的资产价值每期上升和下降的幅度。如此便构筑了一份欧式期权的二项期权定价模型，该模型中每个节点上期权所具

有的价值 C_{it}，是由下一期对应的两个节点的价值用沿树倒推的方法计算得出的，可以用式（10-9）表示。

$$C_{it}=pC_{i+1,t}+(1-p)C_{i+1,t+1} \tag{10-9}$$

从第 n 期起倒推可计算出每一期、每一节点期权所具有的价值，进而可计算得出期权的期初价值 C_0（以看涨期权为例），见式（10-10）：

$$C_0=\frac{1}{(1+r)^n}\sum_{i=0}^{n}\left[\frac{n!}{i(n-i)!}p^i(1-p)^{n-i}\max(S_0u^id^{n-i}-X,0)\right] \tag{10-10}$$

式中：C_0——看涨期权期初价值；

S_0——标的资产期初价格；

r——单一期间的无风险利率；

X——期权约定的执行价格。

同理看跌期权的期初价值 P_0 可以用式（10-11）求出：

$$P_0=\frac{1}{(1+r)^n}\sum_{i=0}^{n}\left[\frac{n!}{i(n-i)!}p^i(1-p)^{n-i}\max(S_0u^id^{n-i}-X,\ 0)\right] \tag{10-11}$$

2. 美式期权的二项期权定价模型

美式期权的二项期权定价模型如图 10.2 所示。

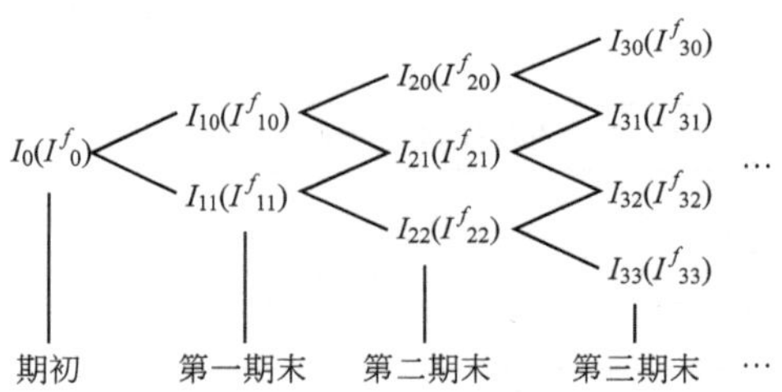

图 10.2　美式期权的二项期权定价模型

如果使用的二项期权定价模型是美式的期权定价，那么要运用倒推法来分别得出每个时间点上的期权价值，再依次用期权拥有的内在价值结合倒推法得到的期权价值来共同创建美式期权的二项期权定价模型。这与欧式期权定价的差别主要体现在每个节点不是参照后一期两个节点的期权价值，而是从以倒推法得出的 I_{it} 和 I'_{it} 中选出较大者来进行计算的，各节点上的期权价值可用式（10-12）计算得出：

$$I_{it}=p\max(I_{i+1,t'}I'_{it})+(1-p)\max(I_{i+1,t'+1},I'_{i+1,t+1}) \tag{10-12}$$

式中：I_{it}——第 i 期，t 状态下期权依倒推法计算得出的期权价值；

I'_{it}——第 i 期，t 状态下期权的内在价值。

在第 n 期时就着手考虑在每个时间点及每个状态之下所拥有的内在价值，

再结合式（10-12）来得出各个情况下的美式期权价值，最终也可计算出美式期权前期的价值 I_0。而且就二项期权定价模型来说美式期权定价跟欧式期权定价有一些相同的地方，两者都是以倒推法来求出期权的期初价值。

10.3.3 实物期权一般分析方法

实物期权一般分析方法的步骤是：

① 根据具体的投资项目特征构造实物期权理论的应用框架。在此步骤中，需要分析投资项目的各种不确定性及来源，分析管理者可以何时做出何种决策及这些决策的关系，并根据这些可能的决策及不确定性，判断项目包含的实物期权，进而分析金融市场上有哪些相关信息可以利用。

② 对投资项目中的实物期权进行定价。

③ 根据定价结果制定相应的投资决策。

④ 投资方案及战略的再设计。分析是否有其他的投资方案，检查这些方案是否可以创造更多的期权，分析新方案是否优于原方案。

投资决策的实物期权一般分析方法过程就是重复以上四个步骤，直至得出最优的决策方案，这一过程可参见图 10.3。

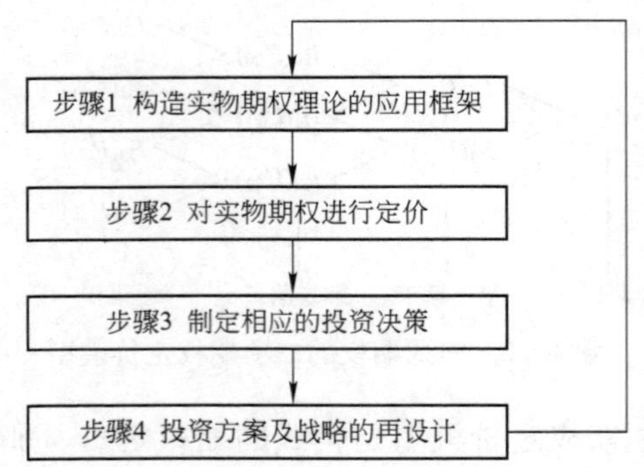

图 10.3 投资决策的实物期权一般分析方法过程

10.4 实物期权的类别

实物期权可以分别存在于投资者手中、投资项目之中和投资合约之中。一般地，根据实物期权的特点，本书可以将实物期权分为以下 8 种情形：延迟投资期权（the option to defer）、扩张投资期权（the option for change scale）、收缩投资期权（the option to contract）、放弃投资期权（the option to abandon）、转换投资期权（the option to switch）、增长投资期权（the option to growth）、分阶段投资期权（option to staged investment）和多重投资期权（multiple interacting options），并且，依照投资项目的种类不同有不一样的实物期权，一些项目则会拥有多种实物期权。

下面对上述每一种实物期权做一个简单的介绍。

10.4.1 延迟投资期权

在投资过程中，由于一些影响因素始终是不能确定的且其资料难以获取，因此对企业来说短期内还没有投资价值，可以考虑先放下一些规模较大的投资，而更多地了解相关资料，而且在这段时间内，公司能够同时得到包括产品价格及开采技术等相关资料，来调整项目前期的一些现金流量的评价结果，延迟期权也就是因此而命名的。

总之，假设现在的时刻为 0，今后的任意时刻为 t，除此之外如果预期的项目各期可能的净现金流量之和与投资现值之和分别为 V_t 和 I，那么这种延迟投资期权在执行的这一刻的价值是 max（0，V_t-I）。这也可以说是，管理者在打算执行该期权也就是进行投资时需满足的必要条件是 $V_t>I$。需要注意的是它不是项目在最初（$t=0$）时的评估结果，而是在这种前提下进行的调整，它在一定程度上显示了延迟的这段时间内可以得到的最新资料，所以经过等待之后不确定性已经降低，而更多地增加了准确性。

这种期权在某种情况下更适合向自然资源开采等项目投资，这类项目普遍具有不确定性大及投资回收期长等特点。所以，就企业而言，它们可以应用租赁或者签订买权合同等方式来进行延迟期权的建立。

当有沉没成本时延迟投资是有一定价值的，随着时间的推移一些实际情况不断显现，企业会慢慢看到市场的发展趋势，在市场情况较好时会考虑投资，否则还是会选择等待。正是由于市场信息的发展情况不定，在投资时企业就需要对这种情况可能带来的风险损失进行弥补，因此投资门槛投资期权所选择的执行点是要达到期望的折现现金。

投资项目因为拥有推迟投资期权可以在一定程度上减少损失，因此，含有推迟投资期权项目的价值，需要高于传统方法的预估结果。采用实物期权方法所得到的结果，可能会使投资者对许多已经被之前传统的方法舍弃掉的不可回收投资项目进行投资。延迟投资期权在资源采掘业、农业、造纸业和房地产开发业方面特别有价值，因为这些行业具有较高的不确定性和较长的投资周期，并且这种类型的投资具有不可回收、投资大的特点。

1999 年贝森和马斯金提出了在项目的发展过程中新的技术会慢慢进行调整，使其更多地适应具体的应用，企业也会因此而得到更多的利润，并且会在可以自由出入市场的情况下使其价格最低。所以对于企业来说在进行不可逆决策时需要考虑延迟投资的期权价值。

2002 年科特雷尔和西克尽快地到市场中去寻找更多的优势企业，这可能会忽略延迟项目而产生的实物期权的价值。

范龙振等人在 2000 年指出投资机会也能够被看作美式的购买期权，在价值还有一定的不确定性时，投资在选择时间点时也就有一定的价值。对于投资者来说，如果有提前投资的想法，则需要提前获取专利，但是若在这时时机不对，则获得的专利可能价值不是很高，因此，投资者要选择好的时机再投资。陈世平等在 2005 年综合分析了投资时机的问题。简志宏、李楚霖在 2002 年研究了产业化投资方面的期权价值，也找到了最优投资决策的临界值。

10.4.2 扩张投资期权

项目的持有者有权在未来的时间内增加项目的投资规模，即未来时间内，如果项目投资效果好，则投资者有权扩张投资项目的投资规模。

例如：如果投资者在投资某一项目后，市场情况偏好，也就是产品价格较高或成本相对偏低，则投资者可以增大投资项目的规模来得到比之前预期更好的收益。

从公司的角度来说，扩张投资期权可以给公司带来更多机会，所以扩张投资期权对于公司来说有着关键性的作用。例如：当公司进入某一个新市场，投入资金进行新项目的研发，买入未开发的土地等，就具有了未来的扩张投资期权，这些期权需要等到市场的情况较好时执行。

10.4.3 收缩投资期权

收缩投资期权和扩张投资期权有相对应的关系，也就是对于项目来说持有者可以在之后缩小投资规模，即在将来若投资的项目发展情况不够好，则投资者有权收缩投资规模。

例如：若投资者在选择了一个项目之后，市场情况不好，即产品价格降低或者成本升高，那么就可以缩小规模来控制项目的风险。

10.4.4 放弃投资期权

若市场情况不好或者投资的成本不可以用项目收益来平衡，那么投资者也就可以不再投资该项目。如果投资者觉得项目在未来的发展状况不好或者过程中有制约条件而影响投资者的相关利益，就可以选择不再投资该项目，从而有效地止损。这里所说的终止投资也就是放弃期权。在选择投资的每一个时期都能够得到后期各个阶段的决策权。

举例来说，一个产品从研发到将其推向市场有很多阶段。投资者可以根据市场情况做出一些重要决定。若市场情况不好，那么投资者可以选择不再投资该项目来降低本来可能出现的损失。这种类型的期权一般是在研发密集型的产业，尤其是制药业，这种行业的项目都具有不确定性高且开发周期长等特点。

10.4.5 转换投资期权

从期权的投资市场来看，如果标的资产的价格像投资者预期的那样升高，那么持有看涨期权的人将会获利，持有看跌期权的人则会有损失。否则情况将会是相反的。因此，投资者想要进行有效的投资来实现收益的增加，较为重要的一点就是准确地预估出标的资产的价格将要如何变化。但是一般情况下市场的情况有较大的不确定性，因此无论要买入哪一类期权都会有一定程度的风险。如果投资者初期买入的是看涨（看跌）期权，而在其有效期内的任一时间点之前标的资产价格不仅仅没有上升（下降），而且还会跌破（冲破）了之前设定的数值，也就是说期权是在某个虚值点上，那么这个期权会自动实现看跌与看涨之间的转化。因为之前设置了关卡值，所以这种期权可以随着资产的发展方向来实现转换，然后慢慢提高收益的概率。投资者如果对于市场的发展趋势没有正确的判断或者因为某些特殊原因致使标的资产价格有了不正常的波动，那么上面所说的那种转化具有保证投资者收益不受影响的作用。而且关卡值的设置（包括时间以及数值的设置）都能够由投资者来详细安排，并要保证其在某种程度上的灵活性。

在未来的时间内，项目的持有者有权在多种决策之间进行转换。例如：投资者在从事石油冶炼的项目设计时，可以设计能够使用多种能源（如电力、油气等）进行石油冶炼的设备，投资者可以根据这几种能源价格的变化情况，选择合适的能源，降低成本。

投资项目具有一定的可变性，而且上面所说的转换投资期权一般用在项目前期的设计阶段。设备的生产过程中也有着一定的灵活性，生产线上的产品也可以实现转换，所以就设备来看转换投资期权也是其成本项目中的一个子项目，而传统的方法想要实施此柔性投资策略是比较困难的。如果想要实现转换，那么此价值的多少要看当时的情况以及所具有的转换期权。投资决策之间的各种相互关系不能仅仅依靠传统的方法来解决，所以管理者可以采用实物期权法来选择更加合适的方案。

10.4.6 增长投资期权

投资者在前期的投资取得一定的成功之后，在将来的一段时间内，可能还会有某种其他的投资机会。

增长投资期权可以给公司带来某些机会，所以也有非常重要的作用。在某一类项目中，其早期的部分投资（如与实验研究有关的投资项目）由于具有潜在的增长潜力，能够当成是这一类项目的投资前提。这一类型的项目的价值如果说是由能够有现金流的预期价值而产生的，倒不如说是由项目未来可能产生的机会而引起的增长价值而来。例如：如果投资者选择投资高技术产品且为第一代，这种机会相当于是期权的期权，即期权是附着在项目之间的。可能净现值是负的，然而由于产品为第一代，那么在其生产开发时的设备、材料及生产经营经验等都可以成为改进未来产品的一个参考，甚至也可以是发展新应用的基础。如果公司不再实施前期的投资，就很可能不会再得到之后的产品或者另外的投资机会。而如果公司实施这些前期投资，凭借其所特有的经验及基础设施等，更可能会让其在市场竞争中有更多的优势。

增长投资期权存在于所有的基础设施投资项目、公司战略性的投资项目、跨国投资项目和战略性兼并的投资项目。

10.4.7 分阶段投资期权

投资对于企业来说是一种有着阶段性及连续性的活动，一个阶段的企业投资活动往往高度影响下一个阶段的投资决策，这也相当于投资上的弹性为企业在某一期的投资赢得了之后的一个机会，类似于复合式期权。这种类型的期权一般用于研发密集、不确定性较高、资本密集型的产业，如高科生物制药产业等。

10.4.8 多重投资期权

多重期权是一种组合，也就是由上述的各类期权结合形成的，即管理者们对于投资计划从评估到实施的整个进程，能够根据市场的情况和更多新的资料来修正本来的投资计划，这样便能让一些管理过程更准确地反映在投资评价中。

特里吉奥吉斯于1993年提出了多重投资期权理念，他认为投资计划包括多种实物期权在内，因为各个组合都可能有着不同程度的影响，后续期权也有可能会使之前一个阶段的标的价值上升，所以，就总价值而言结合产生的期权可能会不同于个别实物期权。

10.5 实物期权法适用性分析

10.5.1 实物期权法的基本特性

1. 期权特征

实物期权法有着期权的典型特征，包括就投资而言是不可逆的，从时间的角度来说具有一定的滞后性、可推迟性及选择性，在投资完成之后可能出现一些变动弹性，这些特性也同时显示出项目在实际情况中的各种特性。但是传统的方法是无法适应这些特征的。

2. 主观性

实物期权法用到的贴现率是无风险利率，这是符合实际情况的。但是净现值法中所用到的风险报酬率是根据平均资本成本而得出的，并且它会根据信息的增加而不断进行修正，相对来说主观性较强。

3. 实证性

实物期权法是以预估将来现金流为前提的，这一点跟净现值法相同。然而实物期权利用的实证更多，所以可以更准确地反映实际情况。

4. 假设性

实物期权法在使用时需要假设在市场上标的资产能够进行交易，这样的假设对于一些实物资产（包括无形资产和有形资产）可能是不成立的。那么当其不可交易时就只能用组合风险一样的证券来进行评价，这样最终可能会使选择模型及确定参数时出现问题，从而增加一些主观的决定。

5. 敏感性

应用实物期权法来解决投资的项目价值时对于一些模型及其中的参数影响较大。由于项目的寿命通常来说较长，利率、风险等因素可能会随着项目的发展而发生变化，若在实际项目中一直应用相同的系数或利率可能会影响最终结果的准确性。

10.5.2 实物期权法的适用条件

实物期权法的应用主要体现在两个方面：一是投资者应建立实物期权的思想，以新的观念看待现实投资活动中的决策问题；二是用期权定价模型去估计投资决策中的期权价值。实物期权法的适用条件可以从以下几个方面考虑。

1. 企业经营过程中包含期权特性

由于在企业发展过程中市场的情况是不断变化的，其生产经营必定也慢慢地发生变化，因此，投资者需要结合可能出现的情况来进行决策，也就是对于一些基础设施在建立的过程中要有一定的可变动性。例如，在选择设备时要考虑产品的多样性，这样企业在生产不同种类的产品时就不需要再重新准备设备。从现实期权的角度来看，是获得了变动规模的权利。

2. 投资能带来进一步投资的机会

如果投资者对于某个项目的前期投资会为他们带来更多的投资权利，或者某些投资前后之间是有一定关系的，会给之后的阶段带来一些机会，也就是说如果前一个阶段没有进行投资，那么就不能获取之后的机会，这样的情况就说期权是在前期的投资中创造的。就像对于研发的投资可能不会产生现金流入，但其成果，也就是某种技术或者产品如果进入市场，因为其独特性可能会带来很多的销售及利润。从现实期权的角度来看，项目的价值主要考虑投资者得到成果时再进行后期一些投资的权利，这也叫期权。例如，制药业要经过临床前试验和临床试验阶段，才能进入生产销售阶段，在前两个阶段的投资都不能带来现金流入，可是没有前两个阶段，形成不了有效的产品，也就无法进行生产。而且研制的药品获得专利权后，还可以进行转让，也拥有期权价值。

3. 可以降低不确定性

投资者如果可以在有机会了解更多情况来控制不确定性的时候再进行决策，即存在着延迟投资的权利，即延迟期权。企业可以用这样的办法来控制风险。比如，石油的开采，有时无法知道这片油田能不能进行开采。这时就可以先去了解更多的信息来确定其储量，如果油田具备一些条件再进行下一步工作。但是如果此时的价格不够高，则等到价格有所升高时再进行开采。

4. 投资项目具有可控性

可控性是指对于一个项目的投资如果在数量及时间上可以提前控制，那么这就包含着现实期权。比如，说投资项目如果时间长并且投资多的话就可选择不同的阶段来进行。如果项目发展趋势较好，可以对项目进行更多的投资；但如果情况不好，则要考虑不再进行投资。

10.5.3 实物期权法的适用性

从现在国际上的情况来说，实物期权法也得到了很多的共识。实物期权法被作为一种评估价值的重要工具，是一种战略和分析的综合评估工具，是补充现金流折现的有效工具，也是投资项目可以实现价值评估的一个很普遍的方法。其适用性主要体现在以下几个方面。

1. 需要正确估计投资机会的情况

如果需要进行一些投资决策，那么传统的方法就可能无法准确预估其投资存在的机会价值，实物期权法正好克服了这个困难。

2. 较大不确定性的情况

如果投资的项目有着很大的不确定性，那么则要在了解了丰富的信息之后再进行决策，这样便可以控制因不确定性较大而可能出现的决策失误带来的风险。这也就要求结合这种灵活性再运用实物期权法来进行投资。

3. 较大未来增值性的情况

如果投资的项目价值是由将来一些增长权来决定，但不是以当下可能产生的现金流来决定的，就可以使用实物期权法来进行投资。

4. 变更或中途战略修订的情况

当投资过程存在项目变更或中途战略修订时，也可以使用实物期权法来进行投资。

10.5.4 实物期权法的局限性

实物期权在使用时，有较多的前提条件以及假设，而且只有在相应的情况下才能被准确地使用。所以它在具体的实际情况中也会有一定的局限性。

1. 主观依赖性

实物期权法的建立和设计是一个主观的过程。使用者对其模型的把握和理解程度具有很强的主观依赖性，他要把现实情况用模型来模拟，所能达到的相似程度对估值起到了至关重要的作用。

2. 信息不充分性

市场当中现存的全部信息不可能都体现在一个模型当中。这就需要依赖使用者反复总结和积累经验，使得估值结果的误差尽可能变小。一些参数的取得是通过分析师主观估计来完成的，这样就很难避免有时会失去客观性。

3. 数据滞后性

获取某些数据可能不是那么的及时，存在一定的滞后性，这也就对结果的精度以及数据的使用价值有一定的影响。通常上市公司向外部显示自己的数据会存在一定的时间差，没有那么及时，因此得出的结果可以作为一个参考，而不是一个非常准确的答案。

11

铁路土地综合开发价值评价案例研究

本书将以广铁集团一个实际土地综合开发项目作为案例，对其综合开发价值进行一次评价，以验证本书前面所介绍 5 种方法的有效性和适用性。

11.1 案例综合开发前景分析

11.1.1 案例基本情况介绍

广州铁路（集团）公司下属的广深铁路实业发展总公司的“南方公司”地块（以下称为“本项目”）位于广东省深圳市龙岗区龙岗街道建南路与新建平安大道西南面，东临新建平安大道，南面靠近富安大道，西临广深铁路，北至旧圩村。

本地块总面积约为 85 524. 39 m^2，由两部分组成。如图 11. 1 所示。

本项目 A 地块面积为 66 724. 95 m^2，已于 1992 年领取“国有土地使用证”，编号为：宝府国用（1992）字第 1000141 号，原使用权面积为 71 439 m^2，土地性质为划拨用地，用途为“液化气站”，扣除深圳市政府收回 4 705. 05 m^2 土地用于“平安大道”道路建设后实际剩余 66 724. 95 m^2。

本项目 B 地块面积为 18 799. 44 m^2，是广深铁路股份有限公司以防洪仓库建设名义向地方征用的土地，其权属为广深铁路股份有限公司，目前只有宗地图，未领取“土地使用证”。

本项目 A 地块上建有厂房（仓库）、宿舍、办公等房屋约 187 000 m^2。本项目 B 地块建筑物建筑年代久远，建筑质量差，项目内部分地块上建筑物已

图 11.1　本项目地理位置图及构成图

经拆除，仓库均已处于查封状态。本项目所依托平湖站位于龙岗非热点开发区域，项目周边有大量农民房、旧厂房，房地产处于初级开发阶段，片区整体形象较差，周围生活配套较为缺乏。项目及其周边情况如图 11.2 所示。

平安大道　　建南路

图 11.2　项目及其周边情况

11.1.2 案例可行性分析

1. 本项目现状

本项目现状是容积率比较低、土地利用率低下、建筑物建筑年代久远、建筑质量差。如前所述，项目周边有大量农民房、旧厂房，房地产处于初级开发阶段，周围公共配套设施、市政基础设施不完善，片区整体形象较差，群众生活质量差。

根据本项目实际情况，满足拆除重建类城市更新要求，因此本项目可确定拆除重建，在该项目原有土地上进行城市更新，即进行土地重新开发利用。

经过分析，建议本项目采用“工改工”的更新模式，将本项目改造成为新型产业用地，建设新型产业用房（办公）和产业配套设施（公寓）。根据目前新型产业用地规划情况及项目周边用地情况，设定本项目容积率为4.0。根据新型产业用地的相关配建要求及城市更新项目咨询经验，设定如下技术指标：总建筑面积用房面积为273 678.05 m^2，其中，新型产业用房面积为205 258.54 m^2，商务公寓用房面积为54 735.61 m^2，商业用房面积为13 683.90 m^2。

2. 城市定位

本项目所依托的平湖地区是深圳市重要的制造业基地，重点发展先进制造业，是区域性生产服务中心。中部物流组团分区发展目标：特区综合服务功能外溢区，全市重要的物流基地；重点发展产业：发展国际物流、货运枢纽、仓储配送、专业市场等物流产业和家电、玻璃、眼镜等优势产业。

平湖产业规划目标：以“四大产业园区”为核心，通过土地整备、城市更新等手段，打造可持续发展产业集聚区，推进区域产业升级，提高区域服务水平，促进各社区共同发展。同时根据产业发展定位结合其特点，制订近期、中期、远期三个具有阶段性的产业发展目标，以确保此次产业规划在未来实施过程中的可控性和可操作性，形成平湖地区具有延续性和稳定性的产业发展环境。

本项目根据城市总体规划、组团规划及平湖地区主要发展物流业与综合配套的产业规划，更新改造为新型产业用房及相关配套，符合片区产业发展规划。

本项目的建设对社会各个领域的发展都有拉动作用。对社会的发展，经济的提高都具有积极的作用。项目建成后可以改善片区的办公、居住、商业的现状，进一步提升片区未来发展的品质。在经济价值上，可以增加地方税收，提高整个地区的经济水平，打造以房地产开发建设为前端，金融、商业为后续的发展链。支持了政府平湖街道的城市建设，利于提升片区的城市形象水平。

11.2 案例测算限定与说明

11.2.1 案例测算限定

1. 测算基准日期限定

由于本项目合同的截止日期是2016年12月31日，因此，本案例测算的基准日期也设定为2016年12月31日。

2. 开发模式限定

根据前期的可行性研究分析，确定本项目采用“工改工”的更新模式，将本项目改造成为新型产业用地，建设新型产业用房（办公）和产业配套设施（公寓）。

3. 开发规模限定

根据新型产业用地规划情况及项目周边用地情况，设定本项目容积率为4.0。根据新型产业用地的相关配建要求及城市更新项目咨询经验，设定如下技术指标：总建筑面积为273 678.05 m^2，其中，新型产业用房面积为205 258.54 m^2，商务公寓用房面积为54 735.61 m^2，商业用房面积为13 683.90 m^2。

项目开发规模情况见表11-1。

表11-1 项目开发规模

序号	项目	总用地规划指标
1	用地面积/m^2	68 419.51
2	容积率	4.0
3	总面积/m^2	273 678.05
3.1	新型产业用房面积/m^2	205 258.54
3.2	商务公寓用房面积/m^2	54 735.61
3.3	商业用房面积/m^2	13 683.90

4. 项目测算期限定

本项目体量较大，分为两期进行滚动开发，从 2015 年开始前期准备工程，一期工程预计 2016 年开始建设，2017 年年末竣工，二期工程预计 2017 年第二季度开始建设，2019 年第二季度完成竣工验收，总开发期为 4.5 年，总建设期为 3.5 年。

5. 租售面积限定

考虑到平湖房地产市场处于初步发展阶段，房地产价格提升空间较大，深圳市目前写字楼市场租金稳步上升的实际情况，结合本项目的特点，建议本项目采用新型产业用房持有出租、商务公寓出售、商业用房的模式进行租售。

项目租售面积限定情况见表 11-2。

表 11-2 项目租售面积限定情况

物业类型	租售类型	面积/m^2
商务公寓	出售	54 735.61
商业用房	出售	13 683.90
新型产业用房	建成后前 10 年出租，第 10 年转售	205 258.54
合计		273 678.05

6. 租售相应比率限定

鉴于项目定价合理，且市场前景良好，因此，限定商务公寓和商业用房能够全部出售出去，新型产业用房在出租期能够全部出租转去，到转售期能全部转售出去。

7. 租售期限定

项目一期商务公寓和商业用房可在 2017 年第三季度开始预售，一期新型产业用房在竣工后即可出租。根据房地产市场情况，暂不考虑销售期的市场变动因素，结合滚动开发的模式，商务公寓、商业用房约 3 年可销售完毕。

本次测算限定项目的用房在建成后的前 10 年里全部出租，新型产业用房在持有经营 10 年后即 2026 年末转售。

8. 开发利润限定

房地产的利润率关键要看市场供求状况。深圳市的房地产市场比较稳定，根据对深圳市开发楼盘的统计分析，结合考虑城市更新项目的特殊性，“工改工”项目风险一般，取上述房地产总开发价值为计算基数，销售利润率取 18%。

11.2.2 案例成本内容说明

根据案例项目的实际情况，确定其成本内容主要包括房屋开发成本、专业费用、不可预见费用、管理费用、购买土地税费、投资利息、销售费用、销售税费、公共设施专用基金等9项内容。

1. 房屋开发成本

房屋开发成本主要包括：勘察设计费、前期费用、基础工程、主体工程、水电安装工程、消防工程、通信工程、外墙装饰、公共部分装修、室外配套工程等项目，计算依据“深圳市建设工程价格信息”以及项目的自身状况。

2. 专业费用

专业费用指项目的可行性研究、规划、勘察、设计、监理、造价咨询等相关费用。

3. 不可预见费用

不可预见费用是指考虑建设期可能发生的风险因素而导致的建设费用增加的这部分费用。

4. 管理费用

管理费用指为组织和管理项目开发提供各种服务而发生的费用。

在本项目成本测算中，专业费用、管理费用、不可预见费用这三项费用合计按房屋开发成本的10%计算。

5. 购买土地税费

购买土地税费为购买土地时买方应负担的税费，包括契税3%及印花税0.05%，合计为购买土地价格的3.05%。

6. 投资利息

由于中国人民银行在2015年年末下调了贷款利率，因此，2015年投资的贷款利率按中国人民银行2015年的1~5年期贷款年利率5.75%计，2016年及以后各年份的贷款利率按中国人民银行2015年的1~5年期贷款年利率4.75%计。

以上述房屋开发总建造成本、专业费用、不可预见费用及管理费用、地价之和为计息基数。

7. 销售费用

销售费用根据估价人员对深圳市类似房地产开发项目的调查及估价人员的经验确定，本项目销售费用（广告宣传及代理费）取销售收入的1.5%。

8. 销售税费

销售税费为销售房地产应缴纳的税费，包括营业税（销售收入的5%）、城市维护建设税（营业税的7%）、教育费附加（营业税的5%）、印花税（销售收入的0.05%）和土地增值税（预征率3%）。

9. 公共设施专用基金

《深圳人民政府办公厅印发关于收缴房屋公用设施专用基金实施意见的通知》（深府办〔2006〕85号）规定，所有竣工交付的房屋（包括住宅、商住楼、商业用房、工业用房和办公用房）均应当统一缴存专用基金，特区内按地价以外的建设总投资2%比例执行，特区外按建设总投资的2%比例执行。

11.2.3 案例收入内容说明

根据案例项目的实际情况，确定其收入内容主要包括初期销售收入、研发用房出租收入、净转售收入。

1. 初期销售收入

初期销售收入是项目的商务公寓和商业用房在建成后就全部出售出去的收入。

2. 研发用房出租收入

项目的研发用房在建成后的前10年里全部出租，其出租收入就是研发用房出租收入。

3. 净转售收入

本项目的新型产业用房持有经营10年后即2026年年末转售，其转售的净收入就是项目的净转售收入。

11.2.4 案例数据来源说明

案例数据主要来自三个方面。

1. 案例可行性研究报告

广州铁路（集团）公司下属广深铁路实业发展总公司于2015年4月28日委托深圳市国策房地产土地估价有限公司对案例项目的可行性进行研究，出具了可行性研究报告，报告中的数据是案例数据的首要来源。

2. 2015年、2016年深圳房地产统计分析报告

由于本书截止时间是2016年12月31日，案例可行性研究报告中相当多的数据是2015年4月之前的数据，因此，根据2015年、2016年深圳房地产统计分析报告中的相关数据对2015年4月之后的数据进行了补充。

3. 网络资料

除了上述两类权威性的报告外，本书还借助网络搜集了大量相关资料，这些资料也是案例数据的主要来源。

11.3 案例成本收益测算

案例的成本是指预算成本，案例的收益是指预期收益。

11.3.1 案例成本测算

案例总成本测算见表 11-3。

表 11-3 案例总成本 单位：百万元

序号	成本项目	2015年	2016年	2017年	2018年	2019年	2020年	2021年	2022年	2023年	2024年	2025年	2026年	合计
1	开发成本投资	550	228	557	548	77	0	0	0	0	0	0	0	1 960
2	销售费用	0		5	8	6	2	0	0	0	0	0	0	21
3	销售税金及附加	0		17	30	22	6	0	0	0	0	0	0	75
4	出租相关税费	0	0	0	9	10	20	25	27	28	29	31	32	211
5	预征土地增值税	0		9	16	12	3	0	0	0	0	0	0	40
6	土地增值税结转		0	0		163		0	0	0	0	0	0	163
7	所得税	0	0	24	55	39	18	9	12	14	16	20	629	836
总成本		550	228	613	666	328	50	35	38	42	46	50	661	3 307

表 11-3 中的案例开发成本测算见表 11-4。

表 11-4 案例开发成本 单位：百万元

序号	项目名称	2015 年	2016 年	2017 年	2018 年	2019 年	投资金额
1	土地成本	487					487
2	前期工程费用	27					27
3	建筑及安装工程费		192	521	512	41	1 266
4	管理费用	13	13	13	13	13	65
5	不可预见费用	13	13	13	13	13	65
6	其他费用	5	5	5	5	5	25
7	公用设施专用基金	5	5	5	5	5	25
合计		550	228	557	548	77	1 960

从表 11-4 可以看出，在 33 亿元的开发总成本中，开发成本是 19.6 亿元，约占 65%。

11.3.2 案例预期收益测算

案例收益测算见表 11-5。

表 11-5 案例收益测算　　单位：百万元

序号	项目	2017年	2018年	2019年	2020年	2021年	2022年	2023年	2024年	2025年	2026年	合计
1	商务公寓销售收入	307	322	169								798
2	商业用房销售收入	208	218	115								541
3	研发用房出租收入		49	52	109	135	142	149	157	165	173	1 131
4	研发用房转售收入										3 594	3 594
	收入合计	515	589	336	109	135	142	149	157	165	3 767	6 064

从表 11-5 可以看出，案例项目预测收益是 60.64 亿元。

11.4 案例各种评估方法测算

案例的评估方法就是本书所提及的 5 种方法，分别是市场法、成本法、收益法、剩余法和实物期权法。

11.4.1 市场法测算

1. 市场法测算基本思路

首先搜集比选项目，然后测算比选项目与案例项目相同的物业形态的价格（2015 年 3 月底的价格），再根据深圳市龙岗区 2015 年 3 月底到 2016 年年底各种物业形态价格的变化趋势，测算出案例项目各种物业形态在 2016 年年底的价格，最后将所有物业形态均百分之百按测算价格出售的总价值作为案例项目市场法测算的评估值。

2. 比选项目说明

按照市场法的基本要求，比选项目应至少 3 家，不过，由于周边与案例具有可比性的项目只有 2 家，因此，本书只选择这 2 家。

1）华南城

华南城项目地处案例项目南部 1 km 处，位于深圳市龙岗区禾花、上木、古新木 3 个社区交界处，规划占地面积超过 150 万 m^2，规划总建筑面积 260 万 m^2，投资 80 亿元。华南城有商铺、写字楼、酒店、公寓等多种物业形态。

2）万国食品交易博览城

万国食品交易博览城（简称万国城）项目位于深圳市龙岗区南湾街道平吉大道平朗路，位于案例项目南部 6 km 处。

万国城总建筑面积 55 万 m^2，投资 30 亿元。万国城有展示中心、写字楼、酒店、公寓等多种物业形态。

3. 比选项目各种物业价格

基于案例项目的物业形态，比选项目公寓、商铺和写字楼 3 种物业形态的价格具有重要参考价值。

根据 2015 年可行性研究报告的分析，在 2015 年 3 月底，比选项目的公寓价格为 13 000 元/m^2，写字楼的价格为 10 000 元/m^2，商铺的价格为 35 000 元/m^2。

4. 案例项目各种物业形态 2015—2016 年的价格变化

综合 2015 年和 2016 年深圳市房地产统计分析报告的数据，可以得知案例项目各种物业形态 2015—2016 年的价格变化情况，见表 11-6。

表 11-6　案例项目各种物业形态 2015—2016 年的价格变化情况

物业形态	2015 年 4—12 月上涨	2016 年上涨
商务公寓	19.6%	10.9%
配套商业用户	7.6%	7.3%
新型产业用房	3.3%	8.2%

表 11-6 中，配套商业用户的上涨情况是案例项目所在的深圳市龙岗区的上涨情况，而商务公寓和新型产业用房的上涨情况是深圳市的平均上涨情况。

5. 案例项目 2016 年年底的市场法评估值

根据前述各项数据，可以测算出案例项目 2016 年年底的市场价值，见表 11-7。

表 11-7　案例项目 2016 年年底的市场价值

物业形态	面积/m^2	2016 年年底价格/（元/m^2）	总价值/亿元
商务公寓	54 735.61	17 245	9.44
配套商业用户	13 683.90	40 390	5.53
新型产业用房	205 258.54	11 177	22.94

从表 11-7 可以看出，按照市场法测算出来的案例项目 2016 年的评估值为 37.91 亿元。

11.4.2 成本法测算

1. 成本法测算基本思路

案例成本已经经过测算，关于案例项目价值的成本法评估主要就是基于测算的案例成本，再考虑三个因素：

① 土地价值的变化；

② 各年份成本均应折算为 2016 年的数据；

③ 利润。

2. 案例项目 2016 年土地成本的评估

深圳市土地价格在 2015 年上涨 28.3%，折算为 2015 年 3 月底到 2015 年年底则是 20.6%，2016 年上涨 21.5%。

由于案例土地价值在 2015 年 3 月底的测算值是 4.87 亿元，到 2016 年年底则应是 7.14 亿元。

3. 将案例项目各年份成本折算为 2016 年年底的值

将案例项目各年份成本折算为 2016 年年底的值，假设除土地成本需要调整到 2016 年年底的值外，其余成本项目均采用可行性研究报告中的测算值。2015 年的利率取 5.75%，2017—2026 年的利率均取 4.75%。

案例项目各年份成本折算为 2016 年年底的值见表 11-8。

表 11-8 案例项目各年份成本折算为 2016 年年底的值

单位：百万元

项目	2015 年	2016 年	2017 年	2018 年	2019 年	2020 年	2021 年	2022 年	2023 年	2024 年	2025 年	2026 年
成本测算值	67	942	613	666	328	50	35	38	42	46	50	661
成本折算为 2016 年年底的值	71	942	585	607	285	42	38	29	30	32	33	416
合计	3 110											

4. 案例项目 2016 年年底的成本法评估值

按照本书前文的约定，利润按销售利润率 18%设定，则案例项目 2016 年年底的成本法评估值=31.1/（1-18%）= 37.9（亿元）。

因此，按照成本法测算出来的案例项目 2016 年的评估值为 37.9 亿元。

11.4.3 收益法测算

1. 收益法测算基本思路

案例收益已经预测，关于案例项目价值的收益法评估，主要就是基于预测的案例收益，再将其各年份的收益折算为2016年的数据。

2. 案例项目收益法评估值

案例项目收益法评估值见表11-9。

表11-9 案例项目收益法评估值 单位：亿元

项目	2017年	2018年	2019年	2020年	2021年	2022年	2023年	2024年	2025年	2026年
收益预测值	515	589	336	109	135	142	149	157	165	3 767
收益折算为2016年年底的值	492	537	292	91	107	107	108	108	109	2 368
合计	43. 19									

从表11-9可以看出，按照收益法测算出来的案例项目2016年的评估值为43. 19亿元。

11. 4. 4 剩余法测算

1. 剩余法测算基本思路

剩余法的主要适用方向是评估土地价值，因此，关于案例项目的剩余法评估，就是评估案例项目的土地价值。剩余法将依据市场法测算的开发价值，扣除开发成本，再扣除开发商的合理利润，作为待开发土地的评估价值。

2. 案例项目收益法评估值

根据市场法评估的案例项目开发价值是37. 9亿元。

根据成本法评估的案例项目开发成本（不含开发商利润）是31. 1亿元，扣除成本法评估中测算的土地成本7. 14亿元，不含土地成本的开发成本是23. 96亿元。

不含土地成本的开发商开发利润按销售利润率18%倒推是5. 26亿元。

案例项目的土地价值=37. 9-23. 96-5. 26=8. 68（亿元）。

11. 4. 5 实物期权法测算

1. 2种实物期权法的选择

评估案例项目有Black-Scholes定价模型和二项期权定价模型2种实物期权法可供选用。由于后者需要数据较多，且难以对项目价值的年度波动率进行估测，因此采用相对成熟的Black-Scholes定价模型对其进行价值评估。

2. 案例项目投资预期收益 *S* 测算

案例项目投资预期收益 S 是前文收益法所计算出来的案例项目评估值，

即 43 亿元，可以得 $S=43$（亿元）。

3. 案例项目现行投资 *L* 测算

案例项目现行投资 L 就是前文成本法所计算出来的案例项目评估值，即 38 亿元，可以得到 $L=38$（亿元）。

4. 收益波动率 *σ* 测算

对收益波动率的估算选取专家方法。一些学者推荐在实物期权法应用中采用每年 15%～25%的波动率进行计算，由于深圳市 2015—2016 年房地产市场涨势明显，故采取最高波动率 25%进行计算。

5. 收益周期 *t* 测算

案例项目评估年份是 2016 年，评估截止年份是 2026 年，共计 11 个年份，故 t 取 11。

6. 该专利的实物期权价值测算

依据 Black-Scholes 定价模型测算我国铁路专利价值。在 Excel 表中插入 VBS 编辑看涨期权计算程序：

```
Function CallOpt(stock, exercise, maturity, rate, volatility)As Double
D1=(Log(stock/exercise)+(rate+(volitility∧2)/2)*maturity)/(volatility*Sqr(maturility))
D2=D1-volatility*Sqr(maturility)
CallOpt=stock*Application.NormSDist(D1)-exercise*Exp(-Rate*Maturity)* Application.NormSDist(D2)
End Function
```

随后插入相关变量的估测结果，见表 11-10。

表 11-10　案例项目 Black-Scholes 定价模型的各项变量估测结果

变量名称	变量字母	英文名称	估测数值
案例项目投资预期收益	S	stock	43 亿元
案例项目现行投资	L	exercise	38 亿元
案例收益周期	T	maturaty	11 年
无风险报酬率	r	rate	4.75%
收益波动率	σ	volatility	25%

运用 CallOption 计算，得到该项目的实物期权价值 $V=43.9$ 亿元。

11.5 案例价值综合评价

通过上述分析，可以得出案例项目的 5 种土地综合开发价值的评估结果，分别是：

基于市场法的评估，案例项目价值 38 亿元，这意味着如果案例项目在 2016 年年底按市场价把全部房屋卖出去，可以获得 38 亿元。

基于成本法的评估，案例项目依然价值 38 亿元，这意味着案例项目在 2016 年年底，按照重置成本重新进行开发，总成本是 38 亿元，其中开发成本 31 亿元，7 亿元是开发商利润。

基于收益法的评估，案例项目价值达到 43 亿元，这意味着案例项目所有未来收益折为 2016 年年底的现值之和是 43 亿元。

基于剩余法的评估，案例项目的土地价值是 8.7 亿元。

基于实物期权法的评估，案例项目的期权价值是 44 亿元。

12

铁路土地综合开发模式研究

铁路土地综合开发价值与其开发模式密切相关，因此，作为配套研究内容，本书还进行了铁路土地综合开发模式的研究。

12.1 铁路土地综合开发模式选择标准研究

铁路土地综合开发有多种模式备选，因此，本书首先进行铁路土地综合开发模式选择标准研究。

12.1.1 铁路土地综合开发模式选择的相关影响因素分析

大城市交通供需不平衡的矛盾，是制约中国经济快速增长的关键问题。随着中国经济的不断发展和城市化进程的加快，大城市的交通需求量将持续上升。

2002年，董晓艳、孙佳乐认为，轨道交通建设可结合城市规划和周围环境等条件综合考虑物业开发，使单一的市政设施建设转变为地下、地上立体发展，现代交通与地块开发密切结合的综合项目，以提高土地利用率和轨道交通工程的社会价值。在市场经济的条件下，采用轨道交通系统诱发城市土地的开发，使土地利用合理化、集约化。

综合开发指的是一种在城市轨道交通建设以及土地利用的基础上出现的新的关于资源利用的模式，城市轨道交通建设中的一个关键就是对其沿线土地进行开发利用。所以这种对于土地的综合开发方式可以说是对于沿线土地利用价值的转化，是土地价值与城市轨道交通在发展中的结合，是城市交通在建设过程中与土地开发的一种综合实施、共同建设，将某些地区土地原本的使用状态重新考虑，实现土地资源的合理利用的过程。2004 年，胡世东认为，依照国际上的一些土地综合开发案例可以得出，沿线的土地开发对于承担城市交通的骨干、改善客流量以及客流范围、带动周边发展有着至关重要的作用，也可以降低因前期的运量不足可能产生的一些损失。

轨道交通的可达性价值使轨道交通在建成后很长的一个时期内都会影响土地的开发。利用城市轨道交通，对土地利用的布局进行规划，增强土地开发强度，重新调整土地利用使其集中在城市轨道交通走廊沿线。

综合开发的基本思路和原则如下：

① 注重与城市总体规划及综合交通规划、轨道线网规划等有关专项规划的协调，加强相互衔接和优化完善。

② 注重城市轨道交通的发展可能影响城市空间体系的建设，轨道交通线路支撑城市空间发展方向，轨道交通枢纽服务城市各级中心。

③ 重视城市各级中心与轨道交通枢纽体系的耦合关系，围绕由轨道交通站点形成的交通中心优化各级城市中心。

④ 重视轨道交通骨架线路对城市土地价值的提升和重构，结合土地综合开发利用和升值规律、城市功能结构等要求调整优化用地布局。

⑤ 充分考虑经济、交通、土地、环境、景观等功能和发展要求，切实发挥综合价值，促进城市各项建设与交通可持续发展。

12. 1. 2 铁路土地综合开发模式所需治理机制研究

铁路土地综合开发是指对与铁路有关联的土地进行商业开发，这些土地包括周边的站场以及新建站场两种类型。“综合”一词能够从以下两个维度来解释：一是从空间来看，铁路和城市可以实现多种资源及空间上的结合；二是从时间角度来看，整个建设过程包括从获得土地到建设、经营的各个阶段，并且每一个阶段的开发建设都要与铁路有紧密的联系。除此之外，铁路运输领域的企业可能在铁路沿线有已用的土地，如员工的宿舍区，生产及后勤等方面的需用地。在 37 号文中，上述的土地使用类型在铁路综合开发用地的范围之内，但是这类土地的功能及开发过程相对简便。所以，这里所说的铁路综合开发只是对那些跟铁路站场联系紧密的土地进行探究。

铁路站场及周围土地利用在开发建设时被作为这个地区的门户，它在城市区域增长极的空间开发方面也有重要意义，是包含产业、空间、公共政策、交通及市场运作等因素的多功能综合建设。所以铁路土地综合开发一定涉及各级政府（中央、省级和地方政府）、社会力量、市场运营及铁路相关行业之间的综合考虑、协调及政策协助等的合理配置。这些元素之间的协作组织就成为了解铁路土地综合开发机制的一个主线。

铁路城镇综合体是在多层次权力（国家和地方）、多类型资本（金融资本、产业资本）及各种情况下多阶层互相影响形成的。铁路城镇综合体可以说成是一种“治理”而不是“管理”。

1. 治理的核心议题

铁路土地综合开发的参与主体，从纵向来看，既有行政机构的中央—地方之间的向度，也有国铁集团—地方铁路运输企业之间的向度；从横向来看，既有地方政府—地方政府之间的向度，也有公共机构（包括社区力量、第三部门等）—私人机构（包括企业、个人）之间的向度。这些主体通过相互作用连接成为一种多层次网络治理体系。因此，多层次、多维度利益冲突如何化解是铁路土地综合开发机制设计的核心议题。

2. 治理的时空范畴

治理在某种程度上有一定的时空范畴。从时间角度上，表现为铁路土地综合开发的某种时机及过程中的一些活动的延续时间（如当下的发展情况、市场背景、建设周期等）；从空间角度上，体现为土地的利用面积及相关区域（也就是那些可能会受影响的土地）。治理所体现的时空范畴也就是铁路土地综合开发过程中的一个“边界”。

3. 治理的过程

治理的过程包括制订交通以及区域建设与发展的总体目标，解决大众和个体之间可能存在的利益冲突等。由于各类问题及相关因素之间的影响，铁路土地综合开发不只是一个简单的线性发展过程，而是较复杂的螺旋式演变过程，也就是整个过程分为多个阶段，而且结果也是多样性的。所以在进行铁路土地综合开发时必须事先列出清晰的目标及线路，指引并控制每一个主体的行动，在发展过程中要进行实时的监控与改进。

4. 治理的意义

治理有着其独特的意义，主要体现在治理所产生的效应上，即治理过程中产生的价值，也体现在参与者在土地的增值及产业互补等方面可能分享的利益。而参与主体能够坚持并积极地去进行治理，主要是由于治理效应的分享。所以说，能创造价值就是解决利益冲突问题的关键，如果能完成铁路土地综合开发的任务，也就说明治理已经产生了好的效应，即产生了可分享的共同价值，即化解利益冲突本身就是一个“创造价值”和“分享价值”的过程。

5. 治理的特殊性

治理有着一定的外部性，例如，铁路站点所在位置土地的增值并不是价值向某个方向转移，而是因为向这个地区转移了更多的经济活动，这样有些区域（或主体）得到了更多的利益，而另一个区域（或主体）就会失去一些利益。因此，要注意在价值分享过程中的公正，即公正是参与者在铁路土地综合开发中展开利益竞争的一个前提，或者说它是参与主体的“价值导向”。

上面所进行的研究显示铁路土地综合开发机制的主要因素为：参与主体要制定属于自己的一条发展“路径”，并且在过程中必须严格遵守其“边界”及“底线”。这里的“路径”所包含的各个阶段都需要有独特的“绩效改善机制”，来保证参与主体在过程中能够遵循“价值导向”，并不断减少结果的不确定性。

显然，铁路土地综合开发机制应具有整合多层次（宏观政策、微观能动性）、多维度（技术性、社会性、经济性）、多场所（在场、非在场）、多形态（有形、无形）要素的能力。

12.2 单独综合开发研究

如果自身实力雄厚，铁路企业可以考虑选择单独进行铁路土地综合开发。本节以铁路企业房地产开发进行阐论。

12.2.1 可资借鉴的单独综合开发模式分析

铁路土地综合开发与轨道交通土地综合开发具有高度的近似性，因此，国内大都市轨道交通土地综合开发中单独开发模式就是铁路土地综合开发中单独开发模式可资借鉴的模式类型。

中国城市轨道交通结合土地综合开发模式起步较晚，但发展迅猛，主要有商业开发和政府开发两种模式。一般来说，政府开发和商业开发分别有其自身的好处与坏处。对于政府开发的整个项目，政府拥有开发所得利润及过程中的土地升值所得利润，但是初期可能需要在项目上投入一些资金，而且对于项目的管理也是由政府负责。对于商业开发的项目，政府能够直接收回所有资金，而不必再进行投资，相对来说较为方便，但是收益和土地的增值利润都是开发商所有，政府只能拥有土地使用权所产生的利润。

1. 商业开发模式

在中国使用最广泛的方式也就是这种方式，例如，在北京、上海以及广州等地方，政府对于相关的土地控制指标进行整体规划，再应用招标、拍卖、挂牌等方法来选择开发商。目前中国在土地政策方面已经明确提出了招标、拍卖、挂牌几个过程，而这也更加适合现在中国的土地使用情况。

在商业开发中存在不现实的部分，如开发过程中政府的严加控制。因为如果政府过多地控制也就相当于政府制订了具体的规划方案，所以政府和开发商要通过各种附件及条款来进行管理，这也就会消耗更多的人力和物力。而且两者之间的目标及出发点有一定的差异，这也说明政府要实现严格控制会对城市轨道及相关的物业管理造成一定的困难。

尽管在合同方面可以做到具体、周密，仍然会存在其他方面的问题，如信息的不对称，政府想要转让的土地价格在开发商那里可能会是截然不同的价格。对于政府来说，如果开发商了解的信息资料不够充分，那么风险相对就会越高，土地的价格则会被低估。例如，应用商业开发模式的杭州地铁4号线站点周围的土地，在首轮土地开发时，拍出的土地价格较高，但因为特殊原因导致延后了通车时间，就造成了在下一轮的拍卖时，土地价格就下降了很多且一些地块流拍。开发商在想要购买一块土地时，会把各种风险全部考虑进去，包括市政方面的建设情况、通车时间等，对于这些风险进行综合考虑再通过计算收益得出其最终价值，因此如果开发商没有足够的信息，则会低估土地价格。对于政府来说，上面所说的市政情况及通车时间等都是可以预知并控制的，这些就不被当作风险来看待，所以开发商和政府预测的地价是不同的，但若这种因素能够进行控制，那么开发商会得到差异所产生的收益。

在商业开发中有一些不完全垄断问题。土地开发如果是地铁站点周边的土地，其规模一般为30万~100万 m^2，而且土地开发有很强的综合性，对于那些小型开发商可能实力还不够。因此只有部分大型的开发商才能开发这种项目，这也就导致了不完全垄断的问题。

轨道交通土地综合开发采用商业开发模式，可能会面临一些问题。

1）成本过高

有些公司获得土地的方式是政府无偿划拨，如香港地铁公司，但内地一般都要以“招标、拍卖、挂牌”的流程来出让土地，这样能够使铁路公司跟其他开发商进行竞争，从而提高了地铁的建设及运营成本。目前中国国土资源部门没有出台相应的措施来直接将土地给予地铁公司，地铁公司如果无偿地直接使用地铁沿线土地进行开发运营，就目前的政策来说是不允许的。另外，政府有自己的土地拍卖机构，不用地铁公司作为中间商。地铁公司无偿来建设地铁枢纽站及编组停车用地在政策上是允许的，但是如果应用就不可随意改变其用途，对于上面的物业也只能进行出租，不能出售。

2）开发商早已获得巨额收益

中国的城市在进行规划时，过早地公布了轨道交通站点及线路，从而引发了其周边的大部分土地都被开发商获取，因此开发商会得到土地增值而产生的收益。

3）难以协调

在香港，地铁公司经营范围一般为沿线的500~1 000 m，而除此之外的区域还是由开发商来经营，但是规划过程要由地铁公司一起进行，如针对居民的数量和物业形态等。在内地，地铁周围土地的开发与政府的许多部门都有关联，所以各个部门之间的协作与配合度是“地铁+物业”模式的一个重要因素。

2. 政府开发模式

由于中国特有的土地公有制度，政府拥有的一个重要资源就是土地。土地也可以成为轨道交通建设及企业运营过程的一种补贴，而这又是一种非货币形式，从而在一定程度上减轻了政府的负担。利用政府开发模式的项目有深圳地铁 4 号线。在这个项目中车站周边的土地用于补贴香港地铁公司的建设以及运营。香港地铁公司使用这片土地的时间为 30 年，在这期间为自负盈亏，期限到后便要收归国有，这时深圳市政府将拥有 4 号线的经营权。

内地的城市轨道交通建设及其周边的土地开发可以吸取香港地铁公司的建设经验，政府可以进行一定程度的控制，使社会价值与建设速度都能被充分考虑，实行轨道交通与周边房地产的一起发展。基于市场经济体系及有偿受益的原则，可有针对性地参考如下方法：

1）采用政府开发的模式

凡是有条件的地区，均应优先采用政府开发模式。

2）调整土地政策

调整土地政策使土地资源部门可以允许地铁公司无偿进行地铁沿线土地的综合开发，制定关于土地利用的以公共交通为导向的具体目标及政策，提高沿线土地的开发程度。

3. 各部门协调配合

城市规划部门要综合考虑铁路企业的情况来进行具体规划，可以运用联合开发的方法，并且要进行土地管理的法律法规、管理机制、运行机制等相关方面的调整。

4. 先储备再规划

轨道交通站点的选取在初期规划时要进行保密，政府可以对将要进行开发的土地提前进行准备，之后再对规划进行公布，这也是为了在轨道建设及经营时可以有更多的资金投入。

5. 多种渠道建立周边土地开发增值部分收益返还机制

轨道交通沿线企业（包括地产开发商）在征税方面要依照受益情况来进行，要建立和城市交通相关的地铁专项基金的收费项目；而且在这类项目的建设中可以选择各种集资的方法，制订权益投资策略以及开发策略，最后以收益返还。

12.2.2 单独综合开发优势分析

对于铁路土地综合开发来说，单独综合开发既有优势，也有劣势。

1. 控制性强

单独开发，开发企业可以在该项目土地综合开发的全过程对项目进行全面的掌控。

2. 适应性强

单独开发，开发企业可以量体裁衣，适用性较强，单独开发的项目可以满足开发商比较独特的设计理念，实现许多通过合作开发难以实现的独特功能。

3. 灵活性强

单独开发，开发企业不需要进行与其他合作方的反复沟通与协调，在面临需要灵活变化的环境时，单独开发就可以及时进行灵活的变更。

4. 更容易满足客户需要

由于单独开发，客户只需要面对单一的开发企业，而开发企业对于客户的理解也是统一的，因此，这种开发模式更容易满足客户的需要。

5. 成功率高

对于长期实施单独开发的开发企业来说，由于经验的积累，其项目开发的成功率会更高一些。

6. 锻炼自身能力

单独开发迫使开发企业不得不单独面对各种亟待解决的难题，从而客观上迫使其提高自身能力。

12.2.3 单独综合开发劣势分析

单独综合开发具有如下劣势。

1. 开发周期相对较长

由于所有事项均需要自身去解决，既难以发挥合作开发中各方的优势，也难以通过平行业务处理，延长开发周期。

2. 开发压力巨大

所有事项均需要自身去解决，对房地产开发企业产生了巨大的经营压力。

3. 全过程控制难度巨大

在土地综合开发的全过程中，都需要开发企业独立进行控制，而全过程需要控制的事项并不一致，这将导致全过程的控制难度巨大。

4. 易于陷入僵化状态

开发企业如果总是进行单独房地产项目的开发，难免陷入故步自封的僵化状态。

5. 内部成本难以降低

由于仅根据自己的历史成本作为考核依据，总是进行单独开发的企业，难以持续进行内部成本的降低。

12.2.4 单独综合开发流程

1. 投资机会选择与决策分析

投资机会选择及之后的决策分析，作为开发建设过程的一个非常关键的阶段，类似于通常所说的项目可行性研究。

对于投资机会的选择，一般有寻找和筛选两个过程。首先，在寻找投资机会时，开发商通常会通过其对于某个房地产市场的一些研究来找到合适的投资机会，“看地”也就是上面所说的情况。在这种情况下，开发商可能会有多种投资选择，每个选择都需要通过自己的判断来决定其是否可行。而在机会筛选时，开发商可以在一个实际的地块来进行分析，充分了解该地块的一些客观条件，必要时要跟之前的使用者，之后可能的顾客，项目上的伙伴及相关专家进行沟通，从而得出一个方案，若此时的判断为可行，那么就能够先拟订关于购买土地或合作的意向书。

投资决策分析的主要工作是市场分析和项目财务评估。市场分析一般要研究的是供求关系、竞争问题、目标市场及可能的价格等；项目财务评估主要是依照前者的研究结果，来分析项目可能的收入和要花费的各种费用。这个工作的进行时间一般是在没有签订任何协议的时候，以保证开发商还有机会对可能出现的问题进行思考。

2. 前期工作

投资决策可以确定项目及其开发地点，在此之后还有其他建设过程开始前的工作要做，比如购买土地，还包括一些与开发相关的合同条款的讨论与签订。在进行了前期的研究分析之后，开发商就能找出一些需要提前考虑的因素，对于找出的这些因素要在购买土地使用权及签订相关合同前尽可能准确地量化。如此一来，前期拟订的投资决策分析报告有可能会被调整，甚至因不能接受这种收益水平而选择放弃。

开发商在项目立项通过后，须取得建设用地规划许可证，方可办理取得土地使用权的手续。在现阶段，根据《中华人民共和国城市房地产管理法》的有关规定，房地产开发用地的取得方式有四种：一是国家划拨方式取得；二是通过国家出让方式获得（通过土地一级市场取得）；三是通过转让方式获得（通过土地二级市场取得）；四是通过与当前的土地使用者合作等方式（通过土地三级市场取得）。通过出让方式取得使用权的法律凭证是国有土地使用权证；通过划拨方式取得土地使用权的临时证件是建设用地批准书。国有土地使用权出让，是指国家将国有土地使用权在一定年限内出让给土地使用者，由土地使用者向国家支付土地使用权出让金的行为。

3. 建设阶段

建设阶段指的是开发项目建设工程的施工过程，也就是将整个开发过程相关的一些材料都聚集在同一个时间以及空间上的过程。当开始了一个项目的建设，就说明在确定的地点以某个时间阶段上所具有的成本，来进行一栋或一组建筑物的开发建设。在这种情况下，特别是对于小的开发项目来说，如果决定签订承包合同，之后一般就不能再进行变动了。

4. 租售阶段

项目建设完毕后，开发商不仅需要进行竣工验收及办理政府的准入住手续，还需要考虑预计的成本有多大偏差及工期相比预计有没有拖延等问题。在这时开发商还会特别注意的是，在前期预估的时间里是不是可以以预估的价格或者租金来寻找到合适的买家或者使用者。通常情况下，开发商为了控制投资风险以及缓解贷款所带来的压力，会选择在项目建设前或者在建设的过程中就以预租或者预售的方式来选择买家或者使用者，然而在一些情况下，开发商有时会在项目已经完工或者即将完工的时候再开始市场营销工作。

销售阶段的主要工作是开发商进行商品房的出售，也就是对于资金的回收并得到盈利的过程。销售有两个阶段：预售和现房销售。前者也就是期房销售，是在建设工程还没有竣工的时候，开发商就先开始销售；而后者是在开发商获得了竣工证或者竣工验收合格文件之后再销售。

1）预售

由于预售可以提前回收资金，目前开发商大多采用此种销售方式。关于预售条件，《城市商品房预售管理办法》第五条规定：

① 已交付全部土地使用权出让金，取得土地使用权证书；

② 持有建设工程规划许可证和施工许可证；

③ 按提供预售的商品房计算，投入开发建设的资金达到工程建设总投资的25%以上，并已经确定施工进度和竣工交付日期。

《城市商品房预售管理办法》第六条规定：商品房预售实行许可证制度。开发经营企业进行商品房预售，应当向城市、县房地产管理部门办理预售登记，取得“商品房预售许可证”。

2）现售

商品房现售，应当符合以下条件：

① 现售商品房的房地产开发企业应当具有企业法人营业执照和房地产开发企业资质证书；

② 取得土地使用权证书或者使用土地的批准文件；

③ 持有建设工程规划许可证和施工许可证；

④ 已通过竣工验收；

⑤ 拆迁安置已经落实；

⑥ 供水、供电、供热、燃气、通信等配套基础设施具备交付使用条件，其他配套基础设施和公共设施具备交付使用条件或者已确定施工进度和交付日期；

⑦ 物业管理方案已经落实。

12.3 房地产合作综合开发研究

中国的房地产行业已经有了长足的发展，这也使得房地产行业慢慢成为我国国民经济的支柱行业。众所周知，房地产行业是一个高收入、高风险的产业，它的成功与否由多种因素来决定，土地和资金是两个非常重要的因素，没有其中任何一个都无法进行房地产的开发。尽管有些房地产有着一定的实力，但还是会面临一些困境，比如，有土地使用权但资金缺乏，或者有充足的资金但没有土地。因此出现了合作开发的方式，它作为一种纽带带动了土地与资金的结合，盘活了许多相关的项目，对于房地产开发有很大的促进作用。

12.3.1 房地产合作开发的含义

所谓房地产合作开发，是指双方当事人约定，由一方提供建设用地使用权，另外一方提供资金、技术、劳务等，合作开发土地、建筑房产等项目，共担风险、共享收益的房地产开发方式。提供土地使用权的一方，可以称之为供地方；另一方可以称之为建筑方。这种意义上的房地产合作开发是狭义的。从广义上讲，任何由两方合作进行房地产项目开发的模式都可以纳入房地产合作开发的范畴，这不仅限于出地和出资必须是不同的一方，也可以选择共同出资的方式；也不仅限于房地产方面的开发经营，还能够进行建房自用；不仅仅局限于都是法人或者其他的组织，还能是法人和自然人或者自然人之间的一些合作等。

12.3.2 房地产合作开发的特征

房地产合作开发具有如下特征。

1. 主体特定性

主体特定性主要表现在双方如果是合作开发，那么在双方之中要有一方拥有房地产开发资质。《房地产开发经营管理条例》规定：设立房地产开发企业，除符合有关法律、行政法规规定的企业设立条件外，还应当具备下列条件：

① 有 100 万元以上的注册资本；

② 有 4 名以上持有资格证书的房地产专业、建筑工程专业的专职技术人员，2 名以上持有资格证书的专职会计人员。

省、自治区、直辖市人民政府可以根据本地方的实际情况，对设立房地产开发企业的注册资本和专业技术人员的条件做出高于前款的规定，以确保进入该领域的公司具备相应的开发能力。

2. 贯彻责权利统一的原则

责权利统一主要是就合同中双方的地位来说，双方权利与义务在宏观上统一，而不是说在项目的每一个阶段每一方都有着相同的付出与收益。例如，在项目的整个建设过程中，那些没有房地产开发资质的企业一般也不会进行相关的管理工作（有时只进行监督），这样，项目就由房地产公司负责所有工作，这也没有违反这一原则。

3. 法律关系复杂

在进行房地产合作开发的过程中存在多个当事人，而且他们之间的法律关系也较为复杂。第一是合作双方之间的关系，要确定具体的组织形式以及分配相应的权利义务。第二是合作主体跟政府主管部门之间的关系，在房地产开发的整个过程中，包括立项、规划、开工、预售、验收等环节都需要政府部门进行监督，最能体现的就是申请办理多个许可证或者批准文件。合作开发也需要政府部门进行审批，而且需要以合作双方的名义来办理证件或者批文，在这之后进行的合作行为才得到法律允许。第三是合作体与其他单位或者个人的关系，其中有建筑承包商、业主、贷款和按揭合作银行等。

12.3.3 房地产合作开发的动因分析

是否可以成功实施房地产合作开发的战略，一般在于在那一时刻房地产企业的价值资源。这种合作是具有互补性的，而且需要考虑企业价值链所具有的优势，从而找出其核心竞争力，再根据优势互补原则来重新建立价值链，从而实现更强大的合力。

房地产合作开发主体之间的关系其实是合作伙伴，也就是聚集起来完成相同目标的一群人或企业以及其他组织，这些主体之间是相互认识、相互依赖、共担风险、一起工作、共享利润的关系。形成一个房地产的合作开发关系主要是为了实现以下几个目标：

① 增强合作开发主体间信息、资源、技术的共享水平；

② 提高项目产品的质量及缩短项目开发运营的周期；

③ 降低项目开发供应链所耗费的成本及提升整体项目的价值，尤其是经济价值；

④ 使开发的项目产品与服务以及合作开发主体在市场上更具竞争优势。

12.3.4 房地产合作开发环境问题

从根本上讲，合作开发环境问题就是合作开发房地产项目相关法律体系不够完善的问题。

关于房地产合作开发项目合作开发主体方面已有了法律规定，但对于那些性质不同或规模不同的合作开发项目应该有不同的市场准入条件及相应的退出要求等；也还没有能保护在合作开发主体以外的第三方合法权益的相关法律，当前的法律大部分重视“合作开发的内部问题”，通常缺少对合作开发而引起的“外界问题”的关注等。

12.3.5 房地产合作开发的现状

1. 房地产行业有许多都在进行合作开发，这也是大势所趋

因为我们国家采取了一些诸如限购等的调控政策，再加上银行的加息以及上调存款准备金率等方法来控制膨胀，这也很大程度上影响了房地产企业在市场上的销量，导致企业资金链以及土地存储等都出现了相应的问题，所以部分房地产企业也形成了战略性的合作。例如，2011 年 4 月 5 日，万科和它的合作伙伴在深圳就“质量”“社会责任”“绿色”等方面的问题进行商议，研究了建筑领域的低碳行为的实施方案。

2. 合作开发呈现出多样化

合作开发的多样化具体表现在如下 3 个层面。

1）房地产合作开发主体的多样化

开发主体不一定必须是房地产开发企业或者建筑企业，也可能是别的相关主体，但是其中必须要有具备房地产开发经营资格的一方，这也是进行房地产合作开发的一个必要条件。

2）房地产合作开发阶段的多样性

合作开发主体不一定在项目初期就进入，可以根据项目在整个开发周期的具体情况，选择其中合适的阶段进入。

3）房地产合作开发组织结构模式和运作方式的多样化

项目的组织结构模式要根据其具体的项目来做相应的调整，对于运作方式也要因地制宜，它们的确定是由多种因素互相影响而形成的。

3. 合作开发过程中纠纷不断

因为房地产开发方面的法律法规还不够全面，在过程中出现的一些特殊问题可能没有相关法律来解决，从而阻碍整个项目的进程。比较常见的问题有：没有履行合同中的相关规定而导致的纠纷；投资额与负担范围不符合而导致的纠纷；环境原因导致合作开发主体对利益分配有不同意见而导致的纠纷；开发主体与第三方的矛盾问题。

12.3.6 房地产合作开发优势分析

房地产合作开发具有一些单独开发难以比拟的优势。

1. 有利于提升房地产项目的综合价值，促进各种资源的合理调配

房地产合作开发有助于使分散的人财物在一定程度上实现集合，并且合理利用土地增大利用价值，充分发挥投资的价值，减少由于一些特殊原因导致的土地闲置从而降低了社会劳动生产率。房地产合作开发能够尽可能地发挥当事人的优势，发掘合作开发本身的一个优点，即节省资金，在保证质量的前提下尽量使工期缩短等，从而实现社会、经济以及环境价值的综合开发。

2. 有利于增强房地产企业的竞争力

房地产企业的资本多少通常影响着企业的诸多能力，例如，土地储备能力、抵御风险能力、企业运营能力，所以说一个企业的资金对该企业有着举足轻重的影响。中国房地产业有着市场发展不均衡的特点，房地产企业在一些区域受限于市场空间，特别是能够得到的土地有限，所以实施合作开发以及异地扩张策略成为一个可能的选择。这种情况下，资金、土地、技术、劳务等成为一种企业间关系转化（从敌对到合作）的阶梯。各个房地产企业也应该根据时机随时调整开发理念，不要局限于独行，而要尽可能地了解自身存在哪种优势，实现资源的合理组合，减少不必要的竞争给企业带来祸端。

3. 有利于引进境外资金

房地产合作开发对于引进境外资金有很大的助推作用。境外的资本市场相对来说较活跃，并且中国的房地产行业市场空间很宽广，投资收益也比较可观，因此对于境外相关的房地产商家有强大的吸引力。就近些年来中国房地产的市场发展趋势来说，即使国家对于房地产市场不向境外开放，也不会阻碍一些境外的商家想办法来选择中国房地产市场投资。例如，朱孟依于 1992 年在香港创建了合生创展公司，1993 年在内地成立珠江投资公司，合生创展公司在 1998 年上市，这时他拥有其绝对股权。这个时候合生创展公司作为平台来进行境外的资金融资，而珠江投资公司是一个内地开发实体，直到现在，这个创展公司的大多数项目是以珠江投资合作开发的形式产生的。

12.3.7　房地产合作开发劣势分析

合作开发也有一些劣势，这表现为合作开发存在诸多问题。在房地产合作开发过程中，会有很多预期不到的问题显现出来，想要解决好可能出现的问题，首先要对问题的原因进行追究，再选择适当的方法来减轻问题可能导致的结果，从而控制项目的进度。

1. 合作方资质问题

即使有些文件已经对合作开发项目的房地产主体做出了相关规定，也就是必须保证至少一方有房地产开发经营资质，除此之外没有更多其他方面的要求，但是在一些项目的实际进行过程中却有不一样的衡量标准。有些主体为了满足这个要求，可能向一些满足资质的企业申请挂靠，向该企业支付一定的费用，运用其资质来获取项目。如果在项目进行过程中有了法律的纠纷，比如一些技术不能满足质量要求或产生索赔等，就可能会关系到挂靠企业的利益，出现一些难以解决的问题。所以对于所有的房地产合作开发主体都要按照要求进行相应的资格审查。

这类问题也可在选择合作主体时就进行相应的筛选，来避免之后出现更加复杂的问题。

2. 由合作开发房地产合同引发的问题

房地产项目的合作开发行为要以签订合作开发房地产合同为前提，如果此合同的签订没有彻底完成而且不存在任何配套的补充协议，那之后在房地产合作开发行为实现的过程中可能出现问题。根据实际可能出现的情况来分析，对于合同的签订要谨慎，以防出现下列问题。

1）合同中合作开发主体权利、义务及利益分配的内容不清晰

合同中所规定的关于合作开发主体的权利对整个项目的进行也有一定的影响，比如在项目的进行过程中哪一方负责办理相关手续，哪一方负责监督工程项目建设，哪一方负责土地平整等，这些具体的事项合同中都要有相应的说明。而且各自的义务在合同中也应该有明确的规定，否则可能会有事不关己的情况发生。如果前期没有清楚地说明，那么在之后的补充协议中就要加以说明，主要是对履行义务的主体以及日期进行规范。除此之外，利益分配也是房地产合同可能出现争议的地方，因为它是引起纠纷的一个常见的原因。比如一些项目应用固定资产分配的方法，而在合同中对于一些具体分配的项目没有做出明确规定，仅仅说明了比例以及面积的要求，这样在之后进行分配时就可能会有一些不必要的问题出现。

2）合同中对合作开发主体违约责任不够重视

房地产项目的特殊性使其开发周期较长，可能产生的问题也比较多，如果初期在合同中把合作主体可能出现的违约责任都进行严格规定，那么后续的进程将会更加顺利。对于工程项目来说主要有三大管控：成本控制、质量控制以及进度控制。如果由于某合作开发主体的不当推迟了工程进度或者出现工程返工等相对严重的情况，倘若没有预先就明确其违约应承担的责任，那么就一定会对项目造成某种影响。尽管可能矛盾激化引起法律诉讼，当事人也可依照合同中签订的违约责任来维护自己的权益，所以对于索赔以及违约责任等方面的问题在合作开发房地产合同中都要进行明确的规定。

3）借用房地产合作开发行为掩盖买卖、借贷、租赁行为

从社会的某些实践活动来看，一些人的合作开发行为并不是像通常所说的那样，而只是假借合作开发的名义来进行项目的开发建设，例如，转让土地使用权、房屋租赁、房屋买卖或借款贷款等行为，他们这么做主要是想要绕过法律要求增收的相关税费（如营业税、土地增值税、大修基金、契税等），这些行为扭曲了合作开发房地产合同的实际意义，是一种违法行为。

3. 合作开发房地产项目过程中出现的运营问题

对于合作开发房地产项目的每个合作开发主体间的信任表现为一定的跨边界性，信任度在两个不同的主体之间有一定的差异。工作中他们相互之间可能会出现试探或者窥探，所以形成一个愉快的交流环境对于项目的开展有很大的帮助。有些合作开发房地产项目，在某些开发主体中间会有信息难以进行有效沟通、人员难以调动、工作态度缺乏积极性等问题，这也是出现矛盾的一个根源，所以形成合理的组织机构以及运营协调机制对于合作开发房地产项目的顺利进行有着很大的帮助。

12.3.8 房地产合作开发模式的方式选择

房地产合作开发模式的选择要结合合作开发战略，相应的运作方式也应与其相匹配，原因有以下两方面：第一，房地产合作开发组织模式的运作方式会对合作开发主体在目标的设立上产生一定的影响，这也是由于设立目标在一定程度上影响合作开发战略的实施；第二，房地产合作开发组织模式运作方式对于合作开发主体在资源配置方面也有一定的影响。房地产合作开发组织模式运作方式跟它的组织结构有所差异。前者相对来说较宏观，连接着多个组织结构；而后者更多体现的是执行与操作方面，比如像H型、金字塔型、U型等组织结构较为具体。一般来说，对于房地产合作开发而言，可能会有多个合作开发主体，是不是要建立像以上所说的那些具体的组织结构模式需要参照之后的具体开发情况来决定。

在实践过程中，金字塔型、H型、U型等具体的组织结构模式都可能存在于以下几种主要的组织模式运作方式之中：

1. 成立新的项目公司，组建新的项目法人

这种方式一般是房地产合作开发主体来投入资金重新建立一个项目公司，在进行房地产开发时用的是这个公司的名义，对于各个合作开发主体应承担多少风险以及分配多少利益都是依据投入资金的比例来确定的。在中国的房地产行业的发展过程中，这种方式发挥着很大的作用，它出现的原因主要是在早期的房地产改革中，部分的项目用地是以政府协议出让的形式而得到，由于当时有开发权的公司因为一些特殊原因不能及时开始进行一个项目，使有些土地会被搁置，但是随着市场经济不断发展以及房地产市场的变化，一些企业有足够的技术以及资金进行房地产开发，所以这种方式就渐渐产生。

这种方式也有其自身的问题。合作开发主体建立的新的项目公司的寿命与项目的周期基本相同，项目如果完成，这个公司也就会马上解散，所以公司会更加注重获得最大利润，乙方在整个开发的过程中应用短平快方式。如果房地产市场情况发展较好，项目公司希望的是市场上的房地产行业产品可以迅速地消化以及对成本进行合理控制；另外一些没有足够经验的企业或者个人也会以合作开发的形式进行房地产项目的开发，这就使得部分房地产项目的产品可能水平相对较低，加之在过程中的一些炒作，这种方式存在要完善的地方。

2. 组建合作开发联合管理机构

这种方式是各种合作开发主体选择相应的工作人员来建立一个新的管理机构，这个机构的主要作用就是对于各个主体之间的关系进行沟通协调，对于一些重要的项目事宜进行决策，对于实际的开发项目实施运营。在这个机构中，许多成员有着两种身份，所以会使组织结构不够清晰而且成员之间容易出现纠纷，从而导致项目发展不顺利。上述联合管理机构方式跟项目公司的差异主要是它不存在独立的法人资格，并且没有民事权利，所以也不会单独去承担一些可能的民事责任。

3. 不组建任何管理机构

房地产合作开发一般会首先签订一个合作开发房地产合同，各个合作开发主体要根据合同中的内容履行各方的义务。如果不建立相应的管理机构，在具体的项目工作中可能会有一些问题出现。例如，合作开发主体对于某些项目上的问题有时候可能交流困难，出现所谓的真空状态，导致一些问题不能马上解决，从而影响整个项目的发展进度或者质量不能满足要求，合作开发主体之间可能发生扯皮，对于事件的道德责任互相推诿，这些情况最终会使得合作开发的项目出现一定程度的社会名声影响。

4. 引进专业的项目管理公司

目前，不仅在我国存在各种项目管理公司，国际上也出现一些项目公司。他们有着专业的项目管理能力，对于成本和进度也有较强的管理和控制能力。这些公司作为“甲方代表”管理着整个合作开发项目，根据合同中的相关约定承担技术水平以及经济指标的相关法律责任。这种组织模式的形成也大大提高了合作项目的经济价值以及管理水平，在项目的整个开发期间，也在合作开发主体间充分体现了公平性。

12.3.9 房地产合作开发伙伴的选择

合作伙伴的选择需要遵循一定的原则。

1. 房地产合作开发主体选择的一般性原则

对于房地产合作开发项目，各个合作主体有不同的任务，所以在选择合作开发主体时要根据实际情况，并且遵循一定的原则，如图 12.1 所示。

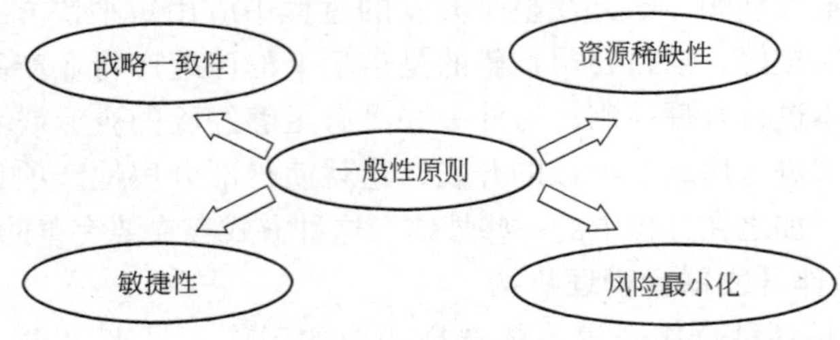

图 12.1　房地产合作开发主体选择原则

1）战略一致性

各个房地产合作开发主体的关系不只是简单的临时合作，是否会建立长期稳定的合作要看他们合作开发项目的规模以及周期，判断其在之后的工作中是否有战略一致性，如果不一致，则一定会因为没有协同性而影响项目进程。

2）敏捷性

房地产合作开发主体是为了充分了解市场情况以及抓住更多机会而选择建立合作，所以具有一定的敏捷性是他们选择合作伙伴的一个评价标准，因为只有这样，他们才能及时了解市场的变化并采取行动来解决问题。

3）资源稀缺性

房地产合作开发主体应该具有能够弥补稀缺资源（如技术资源、财力资源、人力资源、物力资源等）的特点，这也是相对现实的一个特点，即为了保障项目的顺利实施。

4）风险最小化

对于房地产合作开发方面，我国并没有可以完全依据的法律体系，所以实施过程可能会出现一些问题，避免不了开发主体之间的相互猜疑或者工作过程不够规范的事件发生，使得项目不能正常进行，从而使得合作开发主体放弃合作关系。

上面所说的几个原则是在选择合作伙伴时的一些基本原则，在实际工作中，由于会遇到诸多问题，可能需要考虑的方面远远不止于此，例如，可能还需要考虑地域、品牌等。

2. 房地产合作开发主体选择流程设计

房地产合作开发主体选择流程设为分为以下 3 个阶段，如图 12.2 所示。

1）预备阶段

项目的发起人首先要进行市场情况的分析，找到合适的机会确立总体目标。之后要以总体目标为主进行细化，设立各个不同的子目标。各个合作伙伴的任务就是完成这些具体的子目标。

2）初步筛选阶段

首先列出一个潜在的合作伙伴清单，再根据前文所说的选择合作伙伴的基本原则对清单中可能的合作伙伴进行对比分析，筛选过滤掉不符合要求的，为之后的确定做准备。

3）详细筛选阶段

将初步筛选阶段选择的合作伙伴再进行评价，这时要运用定性或者定量的方法。具体方法要根据实际情况来确定，分析他们各自的核心竞争力并确定候选名单。但是有些时候并不是核心竞争力强就是最适合的合作伙伴，还

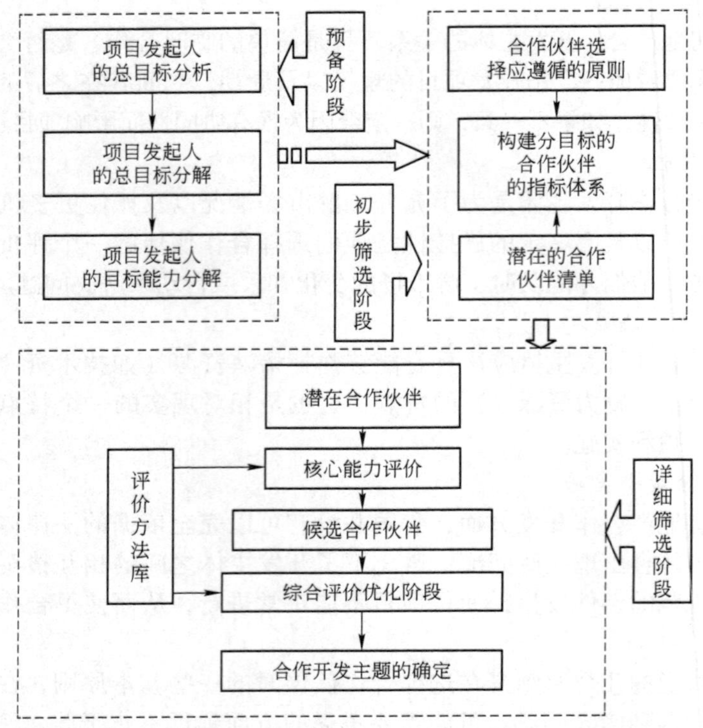

图 12.2　合作开发主体的选择流程

有一些其他因素。因此，要对各个因素进行综合分析来选择相对合适的合作伙伴。

12.3.10　房地产合作开发注意事项

房地产合作开发合同具有内容多、标的大、履行时间长等特点，合同中双方的利益针锋相对，容易出现矛盾；如果出现矛盾，因为我国的相关法律法规还不够完善，法律在实践中的认知也不相同，会有很长时间的诉讼且后果难以预料。所以对于该项合同的签订要更加地谨慎。以下是经过总结得出的一些注意事项：

1. 要明确划分双方的责任

要具体说明履行义务的主体、时间、地点以及方式，严禁使用“尽量”“大约”等不确定的词语。在进行详细描述时可以用附件或图表的方式。对于供地方应该出具土地使用权的位置、使用年限、面积、使用性质以及审批文件或证书等相关材料并承担相应的责任；对于建筑方应该准确说明资金支付的相关事宜。

2. 对双方分得房产的面积、位置做出明确约定

合作开发实际是为了获取利益，通常表现为分配房产。在利益分配时的矛盾最为突出且尖锐。房产的价值在一定程度上受到其所在位置的影响，在一个项目中，可能只是位置不同则会导致价格有很大差异。合作开发合同中有的只是说明了按某种比例分配，却没有提到任何位置信息，那么在分配时就很容易产生矛盾。而且对于因规划等的改变而引起的实际竣工面积与合同中不符等问题，也应做出具体约定。

3. 重视约定违约责任

房地产开发项目具有周期较长、过程复杂的特点。合同明确约定违约责任不仅可以督促各方履行相应的义务，也可以保障项目的成功。比如，假如合同中没有约定供地方的违约责任，那么在供地方没有提供满足“三通一平”条件的土地时，并不会因没有履行义务而感到压力，从而容易引起建筑方对供地方诚意以及道德的质疑，进而出现矛盾影响合作关系。但是如果提前规定违约责任，例如，若有延迟就会减少一定的利益分配，遇到同样的问题就更加容易解决。

4. 双方当事人应当在合同中确实表达合作的意图

合作中的任何一方都不可以房地产合作开发项目的名义来进行借贷。比如，在某个房地产合作开发合同中做出如下约定：出资方只提供资金，不负责任何其他事务，并且资金在完工后由对方返还，当然返还金额要有一定利率，即高于出资金额。国家有相关的法律规定，禁止企业间互相借贷收取利息。所以该合同被认定为无效。合作开发主体签订合同时要注意合同中的合作意图。

5. 重视手续办理

房地产合作开发合同要生效的话要进行相关手续的办理，对于合作合同也要明确约定其无效或不生效的处理方法。

可以以协议的方式，也就是不用重新建立项目公司来进行房地产开发，政府部门的一些相应的批准手续由各方共同获得，在实际工作中，也可以选择共同列名的方法，就是把合作方的名称直接写在批文以及证照中，除了合作方的名称，还可以将建设方或者其他合作开发单位的名称也列出。是不是有一个完整的行政审批过程是衡量合作开发有效性的一个重要指标。

12.3.11 房地产合作开发利益分配

现代产权经济学中提到，产权是由权能和利益两个方面组成的。权能的目的是获取利益，即行使权能是想要得到一定的利益；获取利益的手段是行使权能，行使怎样的权能就获取怎么样的利润，有些利益并不是因行使权能而获得的，则不能被称为产权利益。因此，权能和利益共同组成产权，只有权能而没有利益则不能说成是产权，因为不存在没有利益的产权。产权有一种特性是可分解性，这种特性主要是指一些财产拥有的产权可能属于多个主体。因为产权由两个部分构成，所以它的可分解性也可从这两个部分来理解，也就是权能的分解和利益的分配。权能的分解是说行使的主体可能由一个主体转化为多个主体，那么利益也就发生了同样的转化，形成了利益的分配。所以对于土地的利益分配就可以说成是土地产权权能在不同主体之间的分解，对于每一个主体都会有不同的配置，从而有了各种土地产权结构，而不同的土地利益分配格局则是由不同的土地产权结构而形成的。

铁路车站的特殊作用会影响其周围的土地以及附近区域的土地市场供求关系。怎样去画出因交通开发利益而影响的区域范围，国内外都没有确定的结论。在实际工作中，欧美国家有学者将范围确定为0.5 ~0.8 km，日本学者则将范围确定为2 km。《国务院办公厅关于支持铁路建设实施土地综合开发的意见》中，关于合理确定土地综合开发的边界和规模这一原则表示，地方政府应按照新建铁路站场地区土地综合开发的基本要求，综合考虑建设用地供给能力、市场容纳能力、铁路建设投融资规模等因素，依据土地利用总体规划和城市、镇规划，合理划定综合开发用地边界。扣除站场用地后，同一铁路建设项目的综合开发用地总量按单个站场平均规模不超过50 hm^2 控制，少数站场综合开发用地规模不超过100 hm^2。

土地发展权的核心内涵是占有、处分、使用和收益权，它们也是直接分配土地发展权所得的开发利益的一个基础。在国内外的实际工作中，有部分城市对于轨道交通的建设已经将土地与交通一体化的开发模式应用于土地发展权的分配与归属的问题上，也找到了适合自身发展的实施方法。土地收益有两个方面，即使用者土地收益以及投资者土地收益，前者主要指把土地资源以生产要素的形式投入而获得的收益，而后者则是城市的政府代表国家取得一些土地出让金、租金等收入，也可能是某种投资主体基于国家政策来取得土地并进行建设而得的收入。土地价值的增值是投资建设之后的必然结果，所以就影响土地增值的内外因素而言，若内部因素导致土地增值，那么土地使用者获得土地收益；若外部因素导致土地增值，那么收益归施加影响的人，并用于社会公共事业。基于土地发展权的土地收益见表 12-1。

表 12-1　基于土地发展权的土地收益

利益主体	可收入项目
投资者	土地出让金收入
	土地租赁收入
	土地使用费收入
	土地入股收入
	土地税收收入
使用者	土地出让金收入
	土地出租收入
	土地资源收入

影响土地增值的一个重要外部因素是铁路和城市轨道交通建设，主要投资者（城市政府或者像铁路企业等投资主体）拥有其产生的增值收益。但是在实际进行土地收益分配时，由外部因素引起的土地增值收益多数被土地使用者拥有，例如，交通建设引起周边土地增值，但是地产开发商会得到这时产生的增值收益。在这里，产权结构从根本上影响利益的分配格局，要参照标的来明确各方权利，应用土地发展权的理论来建立土地增值相关的利益分配原则。其基本过程为：在进行土地收益分配时，首先要将土地发展权进行区分，一般分为建设发展权和市地发展权，前者的价值一般给建设开发投资者作为补偿，而后者则归政府所有，用于公共财资。

12.4　本章小结

关于铁路土地综合开发模式，本书首先对铁路土地综合开发模式选择标准进行了研究，重点是相关影响因素和所需治理机制。关于单独开发，本书研究了可资借鉴的单独开发模式、单独综合开发优势和劣势，并研究了单独综合开发流程。关于合作开发，本书研究了其含义、特征、动因、环境问题、现状、优势与劣势，并研究了合作开发模式的方式选择、合作开发伙伴选择，对合作开发注意事项进行了分析，最后研究了合作综合开发利益分配。

13

结论与展望

本书经过比较深入的研究，取得了一些研究成果，也发现了一些值得进一步研究的问题。

13.1 主要结论

本书主要结论如下：

（1）铁路土地综合开发价值评价既有必要性，也有可行性。

（2）国内已进行的中国铁路土地综合开发价值评价，表明在中国进行铁路土地综合开发价值评价的条件已经完全成熟。

（3）土地综合开发价值评价的方法有市场法、成本法、收益法、剩余法和实物期权法。

（4）如果可比案例足够丰富，市场法可以成为铁路土地综合开发价值评价的主导方法。

（5）在可比案例并不丰富的情况下，成本法可以成为铁路土地综合开发价值评价的主导方法。

（6）如果能够对铁路土地综合开发的未来预期收益进行预测，则收益法能最大限度保证土地综合开发的价值。

（7）如果能够对尚未开发的铁路土地未来可开发情况进行规划，则剩余法可以作为铁路土地综合开发价值评价的重要方法。

（8）在未来变化越来越大的情况下，实物期权法这种新兴的方法可能对铁路土地综合开发价值评价具有更加重要的价值。

（9）铁路土地综合开发模式包括单独开发和合作开发两种模式。在具有相应条件的情况下，铁路企业可以实施单独开发。不过，在现阶段，进行合作开发可能更具有可行性。

13.2 需要进一步研究的问题

本书已经进行了相对来说较深入的研究并取得了一定的成果，但是之后还应该继续研究可能出现的各种问题。

首先，关于铁路土地综合开发价值评价的理论研究尚有待深入。虽然关于这个领域国内外相关研究成果众多，但能够直接为中国铁路土地综合开发价值评价起直接指导作用的理论依然较少。

其次，关于国内外铁路土地综合开发价值评价成功经验的研究仍需要深入。一方面，在高速铁路兴起之前，铁路在世界范围内属于夕阳产业，大部分国家，包括一些资本主义国家，都将铁路实施国有化，铁路成为公益事业，对其经济价值的研究失去了现实基础；另一方面，中国是高速铁路建设规模最大、运营里程最长的国家，理应成为高速铁路土地综合开发的领先者，但中国高速铁路的发展只有十几年的时间，还没有记录足够丰富的各种经验。

再次，关于5种铁路土地综合开发价值评价方法的研究还要与铁路土地综合开发的特点相结合。与一般意义上的房地产开发相比，铁路土地综合开发毕竟有其特殊性，因此，5种在一般意义上行之有效的房地产价值评估方法，还需要与铁路土地综合开发的特殊性进行深入结合，才能使这5种方法真正成为铁路土地综合开发价值评价的有效方法。

最后，关于铁路土地综合开发模式的研究也需要在实践中进一步追踪研究。单独开展铁路土地综合开发，可以作为铁路土地综合开发的基本选项，铁路企业不可能永远不进行单独的土地综合开发，如果真是这样，就意味着铁路企业永远都没有真正的开发能力。但在现有条件下，选择合适的合作伙伴，可能是铁路企业进行其土地综合开发的无奈选择。无论是单独开发，还是合作开发，对于铁路部门来说，都是前所未有的挑战，需要在实践中不断探索。作为铁路产业的研究者，北京交通大学铁路土地综合开发课题组将密切追踪中国铁路土地综合开发的动向，对其进行实践资料的搜集、统计、整理、加工和分析，以期对中国铁路土地综合开发这一新事业能够在政策建议方面、理论探索方面、方法设计方面、实践指导方面有所作为，也为中国铁路土地综合开发事业起到应有的作用。

参考文献

[1] 国务院.国务院关于城市优先发展公共交通的指导意见:国发〔2012〕64 号[A/OL].(2013-01-05).http://www.gov.cn/zwgk/2013-01/05/content_2304962.htm.

[2] 国务院.国务院关于改革铁路投融资体制加快推进铁路建设的意见:国发〔2013〕33 号[A/OL].(2013-08-09).http://www.gov.cn/zhengce/content/2013-08/16/content_3712.htm.

[3] 国务院办公厅.国务院办公厅关于支持铁路建设实施土地综合开发的意见:国办发〔2014〕37 号[A/OL].(2014-07-29).http://www.gov.cn/zhengce/content/2014-08/11/content_8971.htm.

[4] 中国铁路总公司.铁路用地管理办法:铁总开发〔2015〕202 号[Z/EB].(2015-07-16).https://wenku.baidu.com/view/c2f6503e33d4b14e8424686f.html.

[5] 杨励雅.城市交通与土地利用相互关系的基础理论与方法研究[D].北京:北京交通大学,2007.

[6] 余卫平.轨道交通及其外部性研究[D].长春:吉林大学,博士学位论文,2008.

[7] 交通运输部.中国 2019 年交通运输行业发展统计公报[Z/EB].(2020-05-12).http://xxgk.mot.gov.cn/jigou/zhghs/202005/t20200512_3374322.html.

[8] 国家发展改革委,交通运输部,中国铁路总公司.关于印发《中长期铁路网规划》的通知:发改基础〔2016〕1536 号[Z/EB].(2016-07-13).http://zfxxgk.ndrc.gov.cn/web/iteminfo.jsp? id=366.

[9] 中国国家铁路集团有限公司在京挂牌成立[EBOL].(2019-06-18).http://www.chinanews.com/gn/2019/06-18/8867713.shtml.

[10] 中国国家铁路集团有限公司.2019 年国铁集团财务决算披露实现收入 11348 亿元同比增长 3.6%[Z/EB].(2020-04-30).http://www.china-railway.com.cn/xwzx/ywsl/202004/t20200430_103813.html.

[11] 中华人民共和国国家统计局.中华人民共和国 2019 年国民经济和社会发展统计公报[Z/EB].(2020-02-28).http://www.stats.gov.cn/tjsj/zxfb/202002/t20200228_1728913.html.

[12] 唐永忠.铁路土地资产综合开发模式研究[M].北京:北京交通大学出版社,2017.

[13] CLAY MYERS S.Determinants of corporate borrowing [J].Journal of financial economics, 1977, 5 (2):147-175.

[14] 毕海娇.土地财政的成因、影响及对策研究[J].赤峰学院学报(自然科学版),2016(12):124-126.

[15] 张立彦.地方政府土地出让目标取向研究[J].城市问题,2007(11):97-101.

[16] 李宏瑾.房地产市场、银行信贷与经济增长:基于面板数据的经验研究[J].国际金融研究,2005(7):30-36.

[17] 杜葵,李伟.建筑容积率对地价影响规律及修正方法研究[J].昆明理工大学学报,2002(2):64-67.

[18] SKARZYNSKI A. Residual method of property valuation [J]. Technological and economic development of economy, 2010, 12 (3): 253-256.